기적

신보성 제4시집

시인의 말

그리운 사람 잊을 수 없어
이따금 헛꿈을 꿀 때가 있습니다
정치를 해서 세상을 확 바꿔버리던지
떼돈을 벌어
꿈속에서라도 호강 한 번 시켜드리고 싶은
과대망상에 시달릴 때
누구라도
떠날 땐 떨어지는 늦가을 단풍 한 잎이라며
구름처럼 떠도는 내 마음을 잡아주는
길잡이가 있었습니다
그것이 바로 詩라는 것이었습니다

시를 통하여
독자 여러분들과 소통할 수 있다는 것은
노년기를 살아가는 본인으로서는

더할 나위없는 즐거움이 되었습니다.

2009년에 첫 시집을 낸 후

본인으로 하여금 한 해에 한 권의 시집을 낼 수 있도록

격려와 성원을 아끼지 않은

독자 여러분께 뜨거운 감사를 드립니다.

2012년 12월

신 보 성

차례

1부

2부

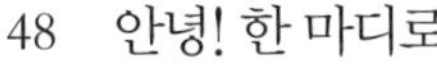

3부

4부

5부

1부

기적

지구가 육중한 제 몸을 스스로 돌려
밤의 어둠을 몰아내고 새날의 광명을 초청하니
태양이 내뿜는 광휘의 입김이 소나무 사이사이 비집고
내 가슴 속까지 파고들어
축축해진 마음을 소망의 기쁨으로 뽀송뽀송하게
만들어 준다는 것은 기적이다

태공들이 어질러놓은 호수의 밑바닥을
먼 바다에서 원정 나온 태풍이
한 바탕 분탕질로 청소해 주니
구름 품고 내려온 하늘 속에 솟아오른
수양버들 휘늘어진 가지에서 까치들이
숨바꼭질을 하고 논다는 것은 기적이다

그토록 우렁차게 여름을 노래하던 매미들이
허물 하나 남기고 사라져간 산 숲
나무와 풀잎을 이어주며 생존을 구걸하는
거미줄 위에 맺힌 아침 이슬의 한 평생이
영롱하게 빛나는 오솔길을
오늘 아침
살아서 거닐 수 있다는 것은 기적이다

기적 같은 일을
내가 늦게나마 기적인 줄
알게 되었다는 것이 기적이다

번호표

번호표라는 물건 그거 참 위대한 발명이다
은행도 식당도 줄서기 새치기 몰아내고
종이 한 장 들고서
책도 읽고 문자도 보내다가
전광판 번호 뜨면 돈도 찾고 밥도 먹고

정치도 번호표로 하면
줄서기 새치기 없어지려나

연인도 번호표 짝 맞추어 만나면
혹시
노인들에게도
흘러간 봄날이 다시 올지도

저승 가는 열차도
번호표 순서대로 태운다면
죽음이 억울한 사람 없어지겠지

연못가의 비구니

한 평의 연못은 우주의 운동장
마음의 거울
하늘이 내려와 낮잠이 들면
흰 구름은 두둥실 말을 달리고
수양버들 가지가 휘늘어지면
소금쟁이는 흥이 나서
초록빛 종이 위에 연서를 쓴다

산사의 풍경이 구슬피 우니
속세가 그리운 비구니 한 사람
연못가 들풀 속에 손수건 펴고 앉아
마음의 거울에 자기 마음 비춰본 후
못 잊어 못 잊어 헤어진 님 못 잊어
숨겨 온 물감으로 입술 칠한다

한 평의 연못 속에
삼천대천세계가 있고
마음이 있고
잊지 못할 그리움과 사랑이 있다

바람이 분다
물결이 일고 모든 것이 사라진다
니르바나 니르바나
비구니 눈에서 눈물이 난다

초여름 어느 날의 기도

주여!

풀잎에 내리는 아침 이슬의 영롱함으로
나의 영혼을 맑게 하소서

바람결에 일렁이는 신록의 푸르름으로
생명의 기운을 요동치게 하소서

하늘로 비상하는 민들레 홀씨의 가벼움으로
자유와 진리의 평원을 걷게 하소서

물고기를 잠재우는 호수의 잔잔함으로
탐진의 고통을 잠들게 하소서

숲을 깨우는 산새들의 노래로
시들어 가는 인생의 초원에 단비를 내리소서

주여!

타들어가는 저녁 노을의 장엄함으로
자서전의 종장을
아름답게 꾸미게 하소서

넝쿨장미

홀로 살기에는 너무나 외로운 세상
바깥세상 그리워 월담하다 굽어진 허리
철조망에라도 돌담장에라도 기대고 싶었다
불구의 몸일지언정 둥글게 살고 싶어
생긴 대로 팔 벌려 원을 그린다

타는 그리움이
사랑의 화신으로 꽃이 되었다
거룩한 사랑의 색깔은 언제나 핏빛이며
냄새는 무색투명하다

사랑에 목숨 걸지 않는 비겁한 벌 나비는
장미의 문전을 더럽히지 마라
사람들도 백송이 장미꽃으로
사랑한다! 한 마디를 겨우 전하지 않더냐?

장미의 가슴은 사랑의 용광로이나
머리는 개구리를 잡아먹는 뱀처럼 차갑다
넝쿨 장미는 순결무구한 사랑을 위해
아픈 허리 담장에 기댄 채
온 몸 가시로 무장하여 임을 기다리며
살다 죽는다

가족

어스름 땅거미 지면
둥지 찾아 날아드는 까치들처럼
저절로 발걸음 옮겨지는 사랑의 처소에서

표준어를 쓰지 않아도 되고
눈 코 입, 때로는 침묵으로도
말을 하고 말귀를 알아듣는 사람들

문 밖 나서면 잊고 살다가도
끼니때 돌아오면 생각나고
아플 땐 제일 먼저 달려가
챙겨주는 사람들

주어도 주어도 아깝지 않은데도
별로 주지 못하고
갚아도 갚아도 다 갚지 못하는
사랑의 빚으로 먹고 사는 사람들

헤어진 다음에야 후회하는 사람들

만추의 오솔길

우수수 낙엽 지는 오솔길
하염없이 걸으니
새록새록 솟아나는 그리운 정이
부슬비 눈물처럼 피어납니다

바스락 바스락
발길에 밟히는 가랑잎의 신음마저
그리운 임 즐겨 부르던
자장가로 들립니다

소나무 사이사이 비집고 열어놓은
창천의 넓은 가슴팍엔
흰 구름도 때 묻을까 저어하여
모습을 감추었습니다

은행잎은 아직도 버리고 비울 것이
더 남았는지
노오란 몸뚱이가 만추의 선들바람에도
떨어지지 않으려 가지에 매달린 채
백팔배를 올립니다

낙엽 지는 오솔길 정처 없이 걸으니
가신 임 생각에
연정보다 더 짙은 아련한 그리움이
나도 몰래 새록새록 피어납니다

부당거래

저무는 가을 강 하염없이 바라보니
심청이 빠져죽은 인당수가 떠오른다
신들은 모두 인육을 좋아하는지
인당수 물귀신도
숫처녀 목살을 즐겨 드시려 했나 보다

공양미 삼백 석으로 사들인 처녀 몸뚱이
던져주고 풍어를 거래한 장사꾼 뱃사공의 마음이야
말해서 무엇하랴만
거룩한 水神이 인신매매의 공범이라니
이런 악마의 신이 아직도 살아있을까

태풍이 바다와 육지를 그토록 잔혹하게
분탕질한 것은 인육을 공양 받지 못해
배고픈 물귀신이 먹을거리 찾아 천지사방으로
사냥을 나섰기 때문일까

동산 나무들은
청춘이 소리 없이 저물어
힘을 잃은 혈맥의 핏줄이 잎새의 색조를
노랗게 물들여도
의연한 모습으로 떠날 것을 두려워하지 않거늘

사는 것이 불안하고 죽는 것이 두려운 인간들은
버리지 못한 집착 끌어안고
믿기조차 어려운 무수한 신들과의 부당거래에
혈안이 되어있다

살아야 한다면
그냥 그렇게 살면 되는 것이고
어차피 가야 할 곳
때 되면 그냥 그대로 가면 되는 것을

걷는 길은 달라도

가을 아침 찬비 맞으며
러닝셔츠 차림으로 달리는 노인이 있다
도망가는 청춘을 붙잡으려는 듯이

팔짱을 낀 채 우산을 함께 쓰고
나란히 걸어가는 젊은 부부가 있다
품고 사는 청춘을 놓지 않으려는 듯이

점퍼를 입고 면장갑을 낀 채
길가에 나뒹구는 호박꽃 한 송이에
눈물짓는 창백한 모습의 여인이 있다
떨어진 가을꽃을 다시 피게 하려는 듯이

저수지 방죽에서 아침 식사 마친 후
젖은 날개 훨훨
서천으로 날아가는 한 마리 황새가 있다
누굴 찾아 가는지도 알 수 없는
외로운 하늘 길로

생각노사(生覺老死)

산다는 것은 보리개떡을 씹으면서도
밤하늘의 별을 세어보는 것이다

철이 든다는 것은
산 낙지를 씹어 삼키며 느끼는 혀의 쾌감에도 불구하고
맷돌에 갈리는 콩처럼
인간의 이빨에 살과 뼈가 짓이겨져 갈아지는
산목숨의 비명에 한 가닥 연민의 정이 생겨
열탕에 목욕하다 죽은 낙지 한 마리 들어있는
수제비로 식성을 바꿔보는 것이다

늙는다는 것은
가신 님 제삿날 제사상 위에 올려놓았던
영정사진과 함께
후회와 죄스러움, 그리운 상념들 모두 모두
한 보퉁이에 담아 곱게 싸서 저승나라 가서 풀어보려고
가슴의 장롱 속에 고이고이 모셔두고
꺼져버릴 촛불의 하늘거림 속에서
생명의 사리 몇 개라도 찾아보는 것이다

죽는다는 것은
빗방울이 되고 싶은 한 줄기 물이
강의 손을 놓고 바다로 흘러 들어가는 것이다
빗방울이 꽃이 될는지도 모르니까

거짓말인가요?

달빛이 저토록 고운데도
날씨가 좀 춥다고 안 나오시다니요

잠들지 못하는 깊은 밤
형광등 불빛 아래 홀로 누워 있으면
도둑놈도 그리워진다는 말은
거짓말이었나요

저수지 잉어들도 달빛에 반해
폴짝 폴짝 수면 위로 튀어 오르는데
티브이 앞에서
연속극 다이얼만 돌리시나요

달빛이 만들어낸 나의 그림자도
홀로 걷는 발걸음 너무 외로워
행여나 임의 발자국소리 들려오려나
모가지 길게 빼고
담 너머 배추밭에 귀 기울입니다

달빛이 저토록 서럽게 우는데도
전화 한 통도 없으시다니요
못 보면 보고 싶다 그 말 한마디도
생각 없이 토해낸 거짓말인가요?

일심동체

무서리 맞은 쑥잎이 새들새들 시들어 갑니다
손대면 금세 바삭바삭 부서져 버릴 것처럼
임종의 시간이 임박했는데도
정작 죽어가는 쑥잎의 표정이 평온해 보입니다

봄 여름 가을 내내 즐겁게 푸르렀든 청춘 뒤로하고
후회 없이 미련 없이 떠나가는 의연한 모습이
생사를 초월한 어느 성자의 최후를 떠올리게 합니다

쑥잎을 한 번 뽑아 보십시요
수많은 쑥을 시래기 엮듯 묶어놓은 뿌리까지
함께 뽑혀 올라옵니다
지천으로 솟아오른 쑥들이 한 뿌리에서 태어난
한 조각 가지들임을 알 수 있습니다

쑥잎은 죽어도 죽지 않습니다
쑥잎의 고향은 뿌리이고 본마음도 뿌리입니다
쑥잎은 시들어 사라져도 뿌리의 거름으로 돌아가
새봄의 새싹으로 부활합니다

시들어 죽어가는 쑥잎의 표정이 평온한 것은
쑥잎과 뿌리가
일심동체임을 알기 때문입니다
불생불멸을 믿기 때문이지요

벗이 있어 외롭지 않네

친구여,
소나무와 밤나무 상수리나무가
적당한 거리와 간격 유지한 채
바람과 햇살 골고루 나누어 마시며
사이좋게 지내는 것이 얼마나 아름다운가

들녘 논두렁 위에 홀로 선 감나무 위에
빨갛게 익은 홍시가 까치들의 입맛을 다시게 하지만
불면으로 지새운 감나무의 고독이
얼마나 쓸쓸해 보이는가

추루의 옷을 벗고 노오랗게 물든
가로의 은행잎이 고와도 보이지만
매연과 소음으로 귀가 먹어버린 은행나무의 마음이
얼마나 멍들어 보이는가

친구여,
소나무와 밤나무 상수리나무가 공생하는 산방에서
그대와 내가 바둑 몇 판으로
저물어가는 인생의 황혼길을 꽃으로 장엄하여
죽음 같은 노년의 고독을 달랠 수 있다는 것이
얼마나 신명 나는 일인가?

은행나무의 동안거

한 생의 과업을 완성한 은행잎이
노오랗게 물들어 한 잎 두 잎 떨어져내립니다
쿰쿰한 냄새로 스스로의 안전을 지켜냈던
은행알도 이제는 나목이 되어가는 가지에 매달려
알몸 드러낸 채
그를 데리고 갈 새 주인을 기다립니다

잎과 알을 미련 없이
죄다 보시하고야 말 은행나무는
이제 곧 기나긴 동안거로 들어갈 것입니다

줄 것이 있어야 친구가 모여든다는 것을
잘 아는 은행나무는
남에게 보다 많이 베풀고 전하기 위해서는
그의 키가 더 많이 자라
그의 가지에 더 많은 잎이 솟아오르고
더 많은 열매가 열려야 함을 잘 압니다

하여,
은행나무의 동안거는 휴식이 아니라
더 많이 베풀기 위한 재충전의 시기입니다
차별하기 위해 돈 벌고
뽐내기 위해서 공부하는 사람들은
은행나무가 간직한 동안거의 의미를 이해하려
하지 않습니다

저 혼자 잘 먹고 잘 살아야 하니까

허수아비

가을 들판의 어른은 허수아비다
새들과 들짐승이 맛 좋은 먹을거리 목전에 두고도
본능적 식욕을 참을 정도로 허수아비 무서워
참아야 하니까

들판이 풍만한 몸짓으로 누렇게 익어 가면
농부들은 제 각각 허수아비 예술품을 만들어 세운다
그림도 조각도 아닌 허수아비 예술품의 재료는
나무막대기 헌 옷가지 헌 모자 노끈이면 충분하다

나무막대기 십자가로 못질하여
여름 내내 입고 다녀 낡을 대로 낡은
셔츠 하나 걸치고 모자 하나 얹어 놓으면 된다
십자가에 치마저고리 걸쳐놓으면
여자가 되지만 새들과 들짐승은 여자를 만만히 보는지
허수아비는 대부분 남자로 태어난다

하늘을 날고 땅을 기어 살아가는 산새와 들짐승의
시력과 판단력이 허수아비 하나를 당하지 못 한다니
인간을 속이는 허수아비는?
돈일까? 권력일까?
한마디로 뭉뚱그려 탐욕이겠지

지는 해 붉게 타니

일출의 태양이 아름답다지만
일몰의 석양빛은 더욱 곱다
지는 해 붉게 타니 흰 구름도 불붙었다
신들린 까치들 동녘 하늘 날아가고
적막강산 깊은 계곡 어스름 깔리면
임 그리운 밤하늘에 달님이 찾아온다
해가지면 별이 뜨고
별이 지면 해가 뜨며
하룻밤 풋사랑에 낙조가 변하여
여명의 새 아침이 밝아온다
낙엽이 진다해도
봄이 오면 어김없이 꽃과 잎은 피어나고
흩어진 구름이 다시 모이고
파도가 사라져 바닷물로 돌아가도
해변의 물거품이 또 다시 일어나듯
인생이 간다 해도 때 되면 다시 온다
떠오르는 태양이 곱다지만
서산마루 지는 해는 더더욱 아름답다

새벽의 거리에서

여기는 낯선 땅 영동
럭셔리 모텔 503호실 새벽 3시
잠이 오지 않는다

전등불 켜놓고 책을 뒤적이거나
컴퓨터 켜놓고 사이버 세상 유영하며
나처럼 잠 못 드는 사람이라도 있으면
익명의 그늘에 숨어 실없는 넋두리라도
해 보련만
곤히 잠든 아내의 평온한 꿈자리 훼방 놓을 수 없어
주섬주섬 옷 챙겨 입고 거리로 나섰다

멀티 국수집 불티나 감자집 호동이 숯불촌
문 잠긴 동굴의 어둠에서
네온의 불빛으로만 나를 반긴다
어디 따뜻한 차 한 잔에 살가운 아가씨의
다정한 말 한마디라도 듣고 싶은 신 새벽
교회당 첨탑 위 핏빛 십자가가 빨갛게 타오르지만
새벽기도를 나가는 신도 한 사람도 만날 수 없다

나는 왜 하필이면
이 낯선 땅 여기까지 쫓겨 와서
누구도 동행할 수 없는
새벽의 거리를 하염없이 서성이며
갈아탈 열차를 기다리고 있는가

역전 광장

역 광장에는
타들어가는 가슴에 담뱃불을 붙이는
사람이 많다
벼룩시장 구인광고란을 읽으며
고픈 배를 소주로 달래는 청년 백수들이
땅바닥을 구르는 가랑잎을 부러워한다

차비가 없어서 고향에 못 간다며
천원을 구걸하던 일주일 전 그 아가씨는
아직도 고향에 돌아가지 못하고
천원만! 천원만! 달라고 손을 내민다

가벼운 찬바람이 옷을 다 벗겨버린
느티나무 밑 벤치에 앉은 가출소년이
노릇노릇 익어가는 호떡 냄새에
입맛을 다시며
두고 온 고향을 그리워한다

사랑을 팔겠다는 요염한 여체들이
명함판 사진으로 낙엽처럼 구르는
역전 광장에도
이따금
떠나가는 사람과 돌아온 사람들이
팔을 흔든다

외로우니까 사랑을

외로우니까 시를 쓰는가
시를 쓰기 위해서 외로워졌는가
외로운 영혼의 창가에 앉아
사위어가는 육신의 손가락에 볼펜 하나 끼우고
고독의 노래를 불러봅니다

겨울의 앙상한 나뭇가지 사이로
구슬피 울고 가는 찬바람이
봄날의 훈풍 같은 임의 입김처럼
따스합니다

인생이 늙어가도 사랑의 열정은 식을 줄 모르고
고독한 영혼일수록
그리움의 강물은 더욱 깊어지는가 봅니다
겨울이 춥다하나 사랑하는 사람의 가슴팍은
여름의 태양보다 뜨겁답니다

논두렁 억새풀도 하얀 머리칼 흩날리며
가는 허리 발돋움하여 서걱서걱 울면서
임을 부르고 있습니다
다가오는 봄날조차 기약하기 어렵고
이별의 뱃고동이 언제 울릴지 모르는 우리들인데

임이여,
무엇을 망설이십니까?
우리 외로우니까 시를 쓰듯
외로우니까 사랑을 해야 합니다

그대 가슴에 얼굴을 묻고

겨울비 서럽게 우는 신새벽 오솔길을
우산을 받쳐 들고 홀로 걸어갑니다
투닥 투닥 우산을 두드리는 빗방울 소리가
고독한 내 침실을 노크했던 그날 밤 그대 손길인양
여린 심장을 뛰게 합니다

자욱한 물안개의 치마폭이
여명의 태양을 가리는 어둠의 골목이야말로
나와 그대만이 나눌 수 있는
은밀한 사랑의 처소입니다

임이여,
헐벗은 나목이 눈을 뜨기 전에
새벽 기도를 다니는 할머니의 지팡이 소리가
들리기 전에
산사의 새벽종이 울리기 전에
이리로 오십시요

우산이 없으면 비를 맞고 나오세요
그대 젖은 몸
사랑의 열기로 뜨겁게 뜨겁게
말려드리겠나이다

밀교의 교주 같은 그대 풍만한 가슴에
초라한 내 얼굴을 묻고
나와 그대만이 알아들을 수 있는 신비한 주문을
사랑의 샘물이 펑펑 쏟아질 때까지
외우고 또 외우겠나이다

사랑의 외딴집

산 아래 외딴집 전깃불 켜졌다
일 나갔던 어머니가 돌아오셨나 보다
어머니가 들고 온 검정비닐봉지 속엔
김밥 몇 줄에 잉어빵 한두 개 쯤 들어있겠지

하루 낮 품팔이는 차라리 휴식시간
고된 노동은 지금부터다
아들이 살아야 어머니가 살고
아들이 죽기 전엔 어머니도 못 죽는다

똥오줌 못 가리는 중풍 든 외아들은
꺼져가는 이 집안의 한 가닥 희망의 등불
절망 같은 어둠의 오두막에
기적 같은 희망의 전등불을 밝힌다

산새도 잠이 든 뒷산 나무숲에서
배고픈 고라니가 이따금 전깃불 바라보며
인가의 부엌을 기웃거릴 때
중풍 든 아들
김밥 한 개 던져주며 초청장을 보낸다

산 아래 외딴집 전등불 아래
도란도란 들려오는 이야기 소리
어머니가 살아야 아들이 살고
아들이 살아야 어머니가 산다

사랑의 언덕에 비극은 없으리라

그대 가슴에 내 가슴을 포개면

그대는 나의 防風林
찬바람 부는 날에도
아늑한 그대 품 속 걸어가노라면
포근히 다가오는 안식과 평화

그대는 나의 防沙林
황하의 모래가 금속 파편을 물고
인간의 시야에 재를 뿌리는 날에도
그대가 펴든 우산 속에 숨으면
맑고 밝은 눈동자에 어리는
사랑과 감사의 눈물

그대는 나의 防雪林
눈 내리는 날에도
그대 넓은 치맛폭으로 몸을 감싸고
빙벽 같은 오솔길 걸어가노라면
점점이 피어나는 산중 雪花들

그대는 나의 防雨林
구름도 서러워서 주룩주룩 빗물 되어
내리는 날
터질 듯 아파하는 그대 슬픈 가슴팍에
내 가슴을 포개면

눈물로 녹아버린 우리들의 정한도
빗물 위에 올라 앉아
강물 되어 출렁출렁 흘러가리라

하늘의 인내

패역한 인간에 진노한 신이
아직도 우주의 냉수로 태양불을 끄지 않음은
석양을 등지고 날아가는
저 까치들의 군무가 너무나 아름답기 때문이다

우주의 가마솥에 달을 삶아
천계의 배고픈 귀신에게
저녁밥으로 던져주지 않음은
아직도 달 속의 계수나무를 노래하는
때 묻지 않은 어린이가 있기 때문이다

겨울이 떠나갈 때
봄을 보내주는 것은
별을 그리워하는 검은 시체들이 흘리는
참회의 눈물이 꽃으로 피어날 수
있게 하기 위함이다

인간의 죄악에 진노한 천상의 신이
아직도 무한 허공을 그대로 열어두는 것은
엄마 찾아 헤매는 외아들의 사무치는
그리움의 절규가 허공의 메아리로
떠돌기 때문이다

불면의 밤을 삶아

그대여,
이 생각 저 생각에 잠들지 못하고
뒤척이는 오늘 같은 밤이면
저 네온이 명멸하는 도시의 밤거리를
그대와 어깨를 나란히 하고 거닐고 싶습니다
늙는 것도 서러운데
우리에 갇혀 신음하는 짐승처럼
이 밤을 지새울 수는 없지 않습니까

오리털 점퍼에 입마개와 모자로
우리의 노년을 위장하고
청춘의 심장을 돌려
현란한 밤의 거리를 걸어보지 않으시렵니까
정처 없이 목적도 없이
바람 부는 거리를 쏘다니다 출출해지면
포장마차 김밥 한 줄 어묵 국수 한 그릇
밤참으로 나눠먹고

여인숙 간판이 희미하게 졸고 있는 으슥한 골목
담벼락 기대어 서서
촉촉하게 젖은 마음의 창문을 열면
별빛은 더욱 아름답게 빛나고
우리들의 사랑도 영글어 갈 것입니다

그대여,
남아 있는 우리들의 시간 너무나 짧고
도시의 밤거리가 너무 찬란합니다
파르르 떠는 그대 야윈 손목을 잡고
잠 못 드는 이 밤을 불사르고 싶습니다
네거리 가로등이 웃으며 손짓하는
우리들 만남의 광장으로 어서 어서 오십시요

불면의 밤을 삶아
구름처럼 흘러가는 인생의 여정 위에
추억의 꽃가루를 점점이 뿌립시다

우수의 마음 밭

몸통을 잃어버린 무 잎사귀가
겨울의 들녘 바지랑대에 매달려
이별의 슬픔을 널어 말리고 있다

부활을 모르는 십자가가
지킬 것도 없는 빈들에 서서
천의무봉 분소의 걸치고
해탈을 노래하는 승무를 춘다

번뇌에 흔들리는 이끼 낀 마음을
창가에 세워 둔 바지랑대에 내걸어
허수아비 옷자락 펄럭이는 바람결에
말리려는데

해탈을 모르는 메마른 마음 밭
하염없이 내리는 겨울비에
촉촉이 젖어오는 우수 어린 가슴팍
이별의 슬픔은 마를 날이 없구나

달빛 아래 나무들

겨울산 나무들도 밤이면 외롭다
새들은 잠자리로 돌아가고
등을 긁던 청설모도
어디론가 멀리 떠났나 보다
저 멀리 인가의 안방에선 제 각기
달 몇 개씩 매달아 어둠 밝힌 후
저녁밥을 먹는가 보다

문득, 텅 빈 밤하늘에 달이 솟는다
나무들이 일제히 발돋움하여 박수를 친다
밤하늘이 토해내는 달빛은
황금색 그리움의 빛깔이다

나무의 정수리와 달빛이
간단없이 눈빛 마주치며 사랑을 교감할 때
하늘 땅이 하나로 동화하고
그때마다 나무들은 쑥쑥 키가 자란다

겨울산 나무들은
달이 뜨는 밤이면 외롭지 않다

2부

안녕! 한 마디로

그 여자는
첫사랑을 맹세했던 교정의 소나무 아래에서
안녕! 한 마디로 돌아섰고
남자도 그녀가 원하는 대로 발길을 돌렸다
서로의 마음결 한켠에 지워지지 않을
상처 한 점 더한 채……

소나무는 상처를 껍질로 내뿜어
결 고운 나이테를 만들지만
마음을 허물어버리는 사람의 상처는
몸이 부토로 돌아가도 악취를 남긴다

여인이 마음의 수첩에서 남자의 이름을 지우고
새 이름을 적어나갈 때
남자도 그의 가슴의 수첩에서
여인의 전화번호를 지우며 새로운 번호를
하나하나 입력해 나가리라

필요가 관계를 만들고
사랑이란 이름으로 이기적 애욕을 포장한 채
세월이 흘러갔고……
새로운 필요에 의해
위장된 사랑의 허상이 드러날 때
여자와 남자는 주저 없이
안녕! 이란 두 글자를 찾아냈을 것이다

잉꼬부부라고 소문난 한 쌍의 부부가
하필이면 천년의 지조를 자랑하는
소나무 아래에서 너무나 쉽게
안녕! 한 마디로 이별의 의식을 끝내버린다

불생불멸

얼음장 위로 미끄러져 내린 햇살이
스키 타는 어린이들과 어깨동무하고
춤을 춘다
얼음이 녹으면 강물이 되니
불생불멸!
강은 해빙을 곡하지 아니한다

백사장을 적시고 사라져간
바다의 포말들이
논두렁 시든 잡초의 머리칼에
미진 같은 이슬로 영롱하게 반짝인다
촛불이 꺼졌다고 광명이 없겠는가
촛농이 다 닳았다고 봄이 오지 않겠는가
봄이 왔는데 아지랑이가 아롱대지 않겠는가

죽음이 끝이라고 공포에 질린 사람들이
불사약을 찾고 산신제를 올리지만
나고 죽어 다시 사는 나무들은
죽음 앞에 초연하다
겨울에 죽은 풀이 봄 되면 다시 피니
죽어도 사는 것을 알기 때문이다

범종이나 울려라

개가 스산한 겨울 들녘 질주하다
표독한 눈동자 이리저리 굴리며
고삐 풀린 채로 주인도 없이
내 앞으로 달려온다
이유도 목적도 알지 못하고 물려죽은
8순 할머니의 슬픈 모습이 개 눈깔에 들어앉아
나더러 조심하란다

겁이 난다
저 놈에게 물리면
개만도 못한 놈 되고 만다
비겁한 놈일수록 강자에겐 약하고
약자에겐 강한 법이라
강하게 보여야 물리지 않으리라
내 키보다 큰 막대기 치켜올리니
겁먹은 듯
슬금슬금 논두렁 건너 도망을 친다
허장성세가 통하니 놈의 눈깔도
허수아비 동공이다

붓다는
일체중생이 개유불성이라 했는데
조주는 왜 개에게 불성이 없다했지? 로
이 뭣꼬? 하다가
한세상 다 소진해 버린 스님이 있다는데
잠시라도 발걸음 멈추고 명상에 젖어 보는게
도리이겠지만
정답이 있겠는가
서산에 해지기전 밥이나 먹어야지

산사의 법고가 아무리 매를 맞아도
짐승의 마음은 변함없이 으르렁대니
스님이시여, 범종이나 울리시라
차라리
지옥 슬픈 중생이라도 건져보리라

눈꽃

세상에 이보다 더 순결한 꽃이 어디 있을까
이보다 더 포근하고 평화로운 복음이 어디 있을까
이보다 더 부드럽고 정감어린
위로의 손길이 어디 있을까
만상을 하나로 아우르는 화해의 몸짓이 어디 있을까
빈부귀천 정사선악을 골고루 융합하는
평등의 법문이 어디 있을까

뽀드득 뽀드득 발아래 밟히는 눈의 숨소리는
핍박 받는 자의 신음 소리가 아니다
천하 만물이 하나로 통합됨을 기뻐하는
찬미의 노래다

휙휙 찬바람 스쳐 지나갈 때마다
우수수 떨어지는 낙화라 해도
한 줌 햇살에
주루룩 흘러내리는 눈물이 된다 해도
제법이 무아이며 제행이 무상이라
열반의 적정을 어찌 슬퍼 하리요

세상에
이보다 더 고귀한 사랑이 어디 있을까?
세상에
이보다 더 아름다운 인생이
어디 있을까

기다리게 하지 마세요

그대여,
오전에 피어 오른 눈꽃이
점심 한 그릇 먹고 나니 낙화로군요
우리들의 연애도 눈꽃처럼 해야 하는데
나를 기다리게 하지 마세요
젊은이들 북적대는 커피숍에서
그대 기다리는 십분이면
눈꽃이 피었다 지는 시간입니다
남은 내 인생의 몇 분의 일에 해당하는
길이인지 짐작이나 해 보았습니까

눈꽃이 참 아름답군요
삭막한 이 겨울에 난분분 흩어지는
낙엽의 주룩주룩 흘리는 눈물 속에 얼비치는
햇살의 조사도
눈물 나게 슬프고 아름답습니다

그대여,
눈꽃처럼 피었다 스러져 갈 우리들의 사랑을
카메라에 불멸의 추억으로 담지 않으시렵니까
10분 만 더 기다려 보아도
그대 모습 안 보이면
우리들의 사랑꽃은 피기도 전에
지고 말 것입니다

꿈꾸는 벤치

겨울 공원의 벤치는 소박맞은 조강지처다
해빙을 기다리며
돌팍 아래 잠든 개구리다

다정히 손잡고 앞날을 설계하던
사랑의 노랫소리 들리지 않고
이따금 산새들이 토해 낸 배설물을
미화원 아저씨가 닦아줄 때면
봄이 언제쯤 오느냐고 물어본다

별이 빛나는 밤이면
흘러간 사랑의 추억들을 반추하며
다소곳이 가슴 열어
이슬 맺힌 임의 숨소리를 호흡한다

폴폴 눈 내리는 날이면
느티나무 가지마다 송이송이 피어오르는
하얀 꽃에 취해 살포시 잠들어
임과 함께 거닐었던 봄의 화원을 꿈꾼다

겨울 공원의 벤치는
임을 기다리는 유원지 관광호텔이다

마음의 물결

잔잔하고 고요한 마음의 물결 위로
한 줄기 탐욕의 바람 불고 가니
번뇌로 얼룩진 마음의 심층은
아수라의 혼돈처럼 가늠하기 어렵다

눈꽃 털어낸 산정의 나무들이
겨울 하늘 우러러 보시할 곳을 물어
변함없이 가지 뻗는데
산야의 백설은 아직도 잠깰 때가 아니라며
골짜기 잡풀들에게 솜이불을 덮어준다

얼음장이 제 아무리 두께를 더하여도
저수지 잉어들은
해빙의 꿈을 포기하지 못하고
산비탈 눈덩이가 제아무리 녹고 싶지 않아도
햇살의 애무를 물리치지 못하리라

번뇌가 보리이고 중생이 부처라지만
닦아도 씻어내도
때 묻고 먼지 끼는 마음의 물결은
차가운 실바람에도 일렁이는 촛불이다

이유 없는 기다림

날씨도 풀리고 달이 저토록 밝은데
그대,
오늘밤은 왜 안 나오시나요
몸이 아파 병원 응급실로 실려 갔거나
혹시 독일에 사는 딸네 집으로
영영 가버린 것은 아닌지요

이름도 성도 전화번호도 몰라
연락조차 할 수 없는 그대를 기다려야 할
이유가 전혀 없는데도
어쩌면 영계의 어느 길목에서나 서로 알아보고
눈으로만
반가워해야 할지 모른다는 생각을 하니
눈물이 나네요

비록 오늘 밤 그대 만났다 하더라도
말 한마디 건네지 못하고
희뿌연 달빛 받으며
무덤덤하게 눈 한번 맞추고 말 사람인데도
전생의 어느 골목에서 만났던 사람이거나
내생의 어느 집 대문 앞에서 만나야 할 사람이라도
되는 것처럼 기다려지네요

처량한 달빛은
자꾸만 중천을 붉게 물들이는데
내 그림자는 길게 고개를 빼고 산 너머
걸어오는 누군가를 찾고 있습니다

좌절하지 말라고

겨울 열차가
종착역에 닿으려면 아직 멀었는데
춥고 힘들어도 좌절하지 말라고
불덩이 입에 문 태양이
희망의 입김 내뿜으니
지성소 장막처럼 쩍 갈라지는
얼음의 해탈

운동장 쌓인 눈이 몸 바꾸어
윤회의 길목으로 줄지어 떠내려간다
미루나무 까치들이
궂은날 있으면 맑은 날도 있다고
까까깍 울어대니
개들도 신이 나서
우울한 마음의 창문 열고 드넓은 벌판을
달리라 한다

학교 화단으로 이민 와서 정착한
진달래나무 해골들이 부활의 꿈을 꾸며
환희의 나래 활짝 펴고
생명의 천공을 훨훨 날으라 한다
살다보면 좋은 날도 있으리라고
태양이 인자한 웃음으로
겨울의 등짝을 토닥토닥 두드려 준다

흔적을 남겨서 무엇하리

허공처럼 살리라
새들이 날아도 깃털 남기지 않고
구름이 떠돌아도 화내지 않으며
달과 별이 반짝여도 우쭐대지 않으리라

거울처럼 살리라
사슴이 웃고 오면 사슴으로 비춰주고
늑대가 울고 오면 늑대라고 알려주며
진달래꽃 찾아오면 봄이라고 비춰주고
낙엽이 날려 오면 가을이라 전하리라

강물처럼 흐르리라
바위를 만나면 휘돌아 가고
평지를 만나면 쉬었다 가고
언덕을 만나면 춤추면서 가리라

세월은 지나가고 인생은 늙어간다
떠난 임은 오지 않고 임 찾아 내가 간다
생로병사 인생길을 뉘라서 막을손가
흔적을 남겨서 무엇하리
불고 가는 바람인데

눈발이 춤을 추면

눈발이 어지럽게
춤추는 겨울 들판에 서서
밥 때 기다리며
빈 그릇 핥는 강아지처럼
산 너머
오솔길 걸어오시는 임을 기다립니다

얼음이 풀리려면 아직 멀었고
병든 아들 기침소리 더욱 깊어가지만
버릴 수 없는 소망을 씨줄 날줄로 엮어
명주 베틀 위 아래로 팔과 다리 춤을 추면
더운 밥 한 그릇으로
오늘 밤 한 집 식구가 배부르리라

아득히 세월이 흘러가고
임 가신지 오래 되었지만
겨울 한풍에 흩날리는 눈발이
내 하얀 머리칼 위로 살포시 내려앉을 때면
나는 학처럼 목을 길게 빼고
그때 그 시절로 돌아가곤 합니다

임은 달빛 웃음 속에

전봇대에 매달린
수십 개의 작은 달들이
허공의 큰 달과 어깨동무하고
임 오시는 길목을 밝힙니다

얼음장 끌어안은 하얀 눈이
꽃가루 흩뿌리며
잉어등 두드려 축가를 부릅니다
어둠의 권세가 무릎 꿇은 대지 위로
적요의 바람이
안식의 평화를 선사 합니다

달을 보지 못하고
달 가리키는 손가락 좇아
범종이 우는 산사의 뒤안길 휘돌아
공치러 가는 차량의 행렬이 분주합니다

젖은 눈 비비고
임 오시는 길목 지켜보지만
인적은 안 보이고
소나무 그림자만 외롭습니다
큰달 작은 달
그 영롱한 눈동자 속에서
슬픈 임의 모습이 웃고 있습니다

세월의 열차

세월의 열차가 정신없이 달린다
달릴수록 속도가 빨라지는
차창에 기대어 바라보는 세상은 너무나 아름다워
그냥 놓아두고 떠나자니 눈물이 난다
간이역 지날 때마다
동승자들 하나 둘 어디론가 사라져버리고
종착역 가까워질수록 덩그러니 빈자리 지키는
고독한 나그네들

사랑하는 사람과 마주앉은
정담의 테이블 위엔 다 마시지 못한
따끈한 술 아직 남아있고
미처 나누지 못한 사랑의 이야기가
그대로 있는데도
열차는 쉬지 않고 달려야 하나보다

먼저 내린 사람들 어디 간지 알 수 없고
남아 있는 사람들이 두고 간 것 있다고
돌아오라 소리치는데도
종점이 어디인지
도착시간 언제인지
안내 방송도 없이 앞만 보고 달리는
세월의 열차는 후진을 모른다

나무의 머리로도

겨울나무들이 잎을 떨어뜨리는 것은
봄이 오면 새잎을 피우기 위함이다
떨어진 잎이 기꺼이 썩는 것은
뿌리의 고향으로 돌아가기 위함이다
가지로 돌아가는 혈맥을 끊어 삭정이를
만드는 것은 몸통이 하늘로 비상하여
응달에 햇빛을 끌어오기 위함이다

늙을수록 관계를 줄여
스스로 외로움을 불러들이는 것은
남아 있는 시간을 아껴 쓰기 위함이다
무소의 뿔처럼 홀로 걷는 발걸음도
할일이 있으면 외롭지 않다

겨울나무들이 눈꽃을 하얗게 피우는 것은
설한풍 속에서도
순백의 마음을 잃지 않기 위함이다
메마른 산야에서도 기죽지 않는 것은
나무의 머리로도
지구가 돌아가는 것을 알기 때문이다

임의 시린 손안에

이렇게 추운 겨울날에는
산 아래 들판 모닥불 피워
폴 폴 폴 날리는 눈발 하늘로 되돌려 보내며
끈 고구마 입에 물고
고향 하늘 우러러 옛 노래 부르면
천국으로 시집 간 순이가
하얀 백마를 타고 바람의 언덕 넘어
달려오려나

사랑 하는 사람들은 털옷으로 몸을 감고
산을 오르며
생의 나이테에 물감을 칠하는데
숯불 달구어 커피 몇 잔 끓여놓고
임 기다리면
천지간을 이어줄
소통의 사다리라도 내려오려나

이런 날은
모닥불에 몽돌 몇 개라도 데워 가슴에 품고
추위에 떨며 눈발의 깃으로라도 내려오실
임의 시린 손 안에
쥐어주고 싶구나

강물 풀리면

봄이 오면 가 보리라
더 늙기 전에
극락보다 아름다운 이 나라 이 강산
우수 경칩에 강물 풀리고
개구리 잠을 깨면
찬바람에 유폐된 노인의 혈류 속에 잠자던
유랑의 유전자도 잠을 깨리라

친구야
이 봄에는 지팡이 짚고 걸어서 가자
가다가 피곤하고 심심해지면
목로술집에서 술 한 잔 시 한수로
시름 달래며
이승살이 추억을 차곡차곡 저장해 두었다가
저승나라 들어가 신고식 할 때
재미나는 이승 이야기로 웃겨드리자

봄이 오면 가 보리라
임의 체취 묻어나는 이 대지 이 산하
노구를 얽어맨 사슬을 풀고
천국보다 즐거운 구석구석 누비며
슬픔 많은 이 세상 서러운 인생도
이제는 근심 걱정 다 내려놓고
허공의 대붕처럼 자유의 나래 펴서 즐겨보리라

고요 속에도 인생의 재미가

무감각인양 무심히 보고 무심히 들으며
시비선악 따지지 않고 무거운 짐 내려놓아
조용히 가볍게 살아가도
고요 속에 깃드는 인생의 재미가
이렇게 쏠쏠하다니
담배 끊어도 그보다 향기로운
풀 향기 꽃냄새
술 마시지 않아도 그 보다 더 좋은
이 강산 물맛
돌아가는 세상사
아니꼽고 더럽고 치사하고 메스꺼워도
마음 두지 않으니 허공의 꽃이로다
인생이 고통이고 노년을 고독이라 하나
한 생각 돌이키니 빛이요 평화로다
성공한 친구들아 뽐내지 말고
실패한 벗들이여 기죽지 마라
성공과 실패의 기준은 없다
모난 돌이 정 맞고 버려진 돌멩이도
때가 되면 쓰일 날이 있으리라
짐이 가벼우니 인생 또한 가볍구나

신은 언제나 강자의 편인가

도시는 요지경
풍요가 넘실대는 번화한 환락의 거리
부어라 마셔라 춤추자
성공한 사람들이
살고 싶은 사람들이
천국의 중앙에서 신의 우편에 앉아
자비로운 신의 이름으로 인생을 즐긴다

어두운 뒷골목
추위에 떨며 외로워 울며
고픈 배 움켜쥐고 싸우고 싶은 사람들
불 지르고 싶은 사람들
판을 엎어버리고 싶은 사람들
죽고 싶은 사람들이
지옥의 변두리에서 불공평한 신의 멱살을 잡고
강술을 마신다

천국과 지옥이 지척에서 마주보고
풍요와 빈곤 평화와 분쟁 사랑과 미움을
확대재생산하여
이해할 수 없는 신의 정의로 착취와 자살을 양산해도
신의 침묵 앞에 도시는 요지경
나이트클럽 불빛은 정신없이 돌아가고

성공에 도취한 하이에나들은
쉼 없이 입맛을 다시며 먹잇감을 찾기에 분주하다
공존을 거부하는 도시의 입속으로
송사리 떼들이 비명조차 지르지 못하고
줄줄이 빨려 들어간다
도시는 요지경
신은 언제나 강자의 편이다

입춘

쫓겨나는 겨울 찾아드는 봄
입춘대길 건양다경!
아내는 벽 위에 작년에 붙인 헌 복 떼어내고
새 복을 붙인다
나뭇가지 흔드는 까치 울음 즐겁고
저수지 얼음장 햇살 속에
봄의 치마폭이 너울너울 춤추기 시작한다
겨울의 고난이 있어서 봄은 더욱 즐겁고
눈비 내리는 날 있었기에 봄 햇살 더욱 따사롭다
아내는 부엌에서 고추장으로 산나물 무치고
보글보글 된장국 끓이며
중얼중얼 일가의 만사형통을 빈다
구수한 콩나물국 냄새 콧구멍 스며들 때
살아있는 것만으로도 눈물 나게 고마워진다
일 년 삼백육십오일 의미 없는 날 있으랴만
입춘!
봄이 기지개 켜고 일어서는 날
그 뜻 새롭다
내 마음속 입춘도 긴 잠 깨어나 일어나라 재촉한다
친구야, 오늘은 만사 제쳐두고
새 마음 가다듬어 새 옷 갈아입고 봄 마중 가자

의미 없는 존재란 없다

금수강산이 사막이 되지 않는 것은
때 맞춰 비 내리고
천둥이 울어주기 때문이다
바다가 썩지않는 것은
파도가 출렁이기 때문이며
고기가 번식하는 것은
바다의 숨소리가 아가미 속으로
고독의 노래를 들려주기 때문이다
땅이 먹을거리를 내는 것은
태양의 입김 속에
생명의 호르몬이 흐르기 때문이며
산이 초목을 키우는 것은
인간의 죄악이 아무리 흉측해도
아직은 참회의 기회가 남아있기 때문이다
눈 속에서 매화가 피고
겨울 동백이 아름다운 것은
고난으로 빚은 술이 맛이 좋다는 걸
가르치기 위함이다
이유 없는 결과가 없고
의미 없는 존재란 없다

겨울나무가 침묵하는 것은

칼바람이 살점을 저미고
눈보라가 꼬집고 할퀴어도
겨울나무들이
인욕의 시간들을 용케 견디는 것은
꿈이 있기 때문이다

해와 달이 뜨고 져도
돌고 도는 시간의 숨바꼭질을 조용히 응시하며
오고가는 순환의 길목에서
강한 것이 약해지고 약한 것이 강해지듯
독풍이 지나가면 훈풍이 불 것을 믿기 때문이다

강자의 횡포 앞에 침묵함이 비굴임을 알면서도
무수하게 희생당한 정의와 양심의 선배들이
우치한 만용의 소유자로 비웃음 당하며 스러져간
혼돈의 골목에서
살아남는 것보다 더 큰 용기가 없음을
배웠기 때문이다

물도 피도 돌지 않을 것 같은
깡마른 살가죽 속으로 봄바람 스며들면
뿌리는 생명의 용광로에 불을 지피고
참았던 울분이 꽃으로 잎으로 펑펑 터져
점령군의 기세로 이 땅을 덮으려고
은인자중하기 때문이다

목적지도 없는 여행길에 오르며

숨이 가쁘다
배기통 이상이 더 악화되었나 보다
낡아가는 육신 전동차에 올라 앉아
정처 없이 길을 떠난다
따사로운 햇살 창가에 머물고
창밖 낯선 풍경들이 달려오고 달려간다
밥 먹고 사는 일이 장난 아닌 듯
잘 생긴 젊은 남자가 장갑 몇 개 팔겠다고
열변을 토한다
거처가 불편하면 사는 것이 괴로운데
사위어가는 육신 속 영혼의 숨소리가 고통스럽다
무표정한 얼굴을 하고 힘없이 앉아 있는
노약자석 노인들은 어디로 갈까
대화도 없이 웃음도 없이 천금 같은 세월을
의미 없이 소진한다
어디서 내릴까
심심하면 내리고 배고프면 내리자
낯선 거리 낯선 골목 돌고 돌아
낯선 점심 한 그릇으로 인생의 나이테에
금줄 하나 그려넣자
어디선가 날 부르는 소리 들려올 때
뒤 돌아 보지 않고 떠나려면

미련도 바람도 없이 새들의 사는 법이나
익혀 두리라

지금도 그곳에는

지금도 호랑이 울음소리 들린다던
산비탈에는 소들이 풀을 뜯고
솜털구름 떠도는 산정에는
노루와 멧돼지가 삭정이를 꺾으며
숨바꼭질 하고 있겠지

은돌이와 멱을 감던 개울물은 졸졸 흘러가고
산모롱이 돌아선 곳
등 굽은 할머니가 목욕재계하고
마을의 안녕을 빌어주던 당집에선
어느 신들린 여인이 점이라도 치고 있겠지

지금쯤 들녘에 파릇파릇 새싹 솟아오르면
금돌이의 아들이 지게 대신 몰고 가는
경운기에 올라탄 아낙네의 신바람 위로
아지랑이는 아롱아롱 피어나겠지

지금도 그 산하 그 마을에는
풀 한포기 꽃 한 송이 흙 한줌 물 한 모금에도
걸어가는 발자국마다 들이키고 내뿜는 숨결마다에
임의 체취 임의 음성 묻어 있지만
허물어진 귀향의 꿈
병이 된 그리움은 눈물되어 흐른다

봄이 오면
그 곳에도 꽃이 피리라

풍찬노숙 여정에도

벗이여,
이 세상 여행길 가볍게 다니자
배고프면 밥 먹고 피곤하면 쉬었다가
졸리면 잠자면서 떠다니면 그만인데
탐욕의 짐 꾸러미 너무 무겁다

권력을 탐 하는 자 권력에 깔려죽고
명예를 탐 하는 자 명예에 취해죽고
돈을 탐하는 자 돈에 타 죽으며
가진 것 많으면 도둑이 찾아오고
지킬 것이 많으면 시기도 많아지나니

어차피 알몸으로 가야할 발가벗은 인생인데
고단한 인생길 짊어진 짐들이 너무 무겁다
산새처럼 바람처럼 빈손으로 떠다니는
풍찬노숙 여정에도 해가 뜨고 달이 뜬다

오늘은 이 거리 내일은 저 골목
동가식서가숙에 꽃이 피고 별이 진다
종착역은 다가오고
갈아 탈 열차에는 짐칸이 없다는데
벗이여,
버려야 할 짐들이 아직도 남았는가

유배지의 삶

산중 소나무가 물과 바람 햇살만으로도
싱싱한 푸름을 잃지 않는 것은
유배지의 고독을 즐길 줄 알기 때문이다
대중의 박수 뒤에 찾아드는 공허와
권력의 정상에서 미끄러져 내리며
절망과 공포에 흐느끼는
나락의 고통을 목격했기 때문이다
노년이란 세월이 가두어놓은
유배지의 양식이 고독이라지만
물과 바람 햇살에 더하여 영원한 옥바라지
친절한 파수꾼 그대까지 있으니
나는 이 지구별의 행복한 유배객
고독을 씹으면 시가 되고
반석이 된 그대 등 두드리면
내 손은 모세의 지팡이가 되어
샘물 펑펑 솟아오르나니
그대여,
시린 손 마주잡고
이 절해고도 메마른 노년의 사막을
옥토로 가꾸어
푸르른 생명의 씨를 뿌리자

봄이 온다면

아지랑이 등에 업혀 봄이 온다면
산모롱이 돌아서 임도 오려나
잔설이 녹아서 개울물의 노래가 된다면
소리 없이 찾아온 따스한 임의 숨결은
언 마음 녹이는 햇살이 되리라

봄바람 불어서 새싹 움트면
꽃처럼 살다 간 그리운 임도
잊지 못할 이 산하 다시 보고파
한 송이 꽃으로 피어나려나
산과 들에 묻어나는 임의 체취는
사막 같은 가슴을 촉촉이 적시는
눈물 되리라

춘정에 겨운 봄 하늘이
구름 창문을 열 때
산비탈 검불들이 추루의 옷을 벗고
이삿짐 꾸리면
임을 태운 짐차도 하늘 문을 나서리라
햇살의 날개 타고 봄이 온다면
봄바람의 배를 타고 임도 오려나

3부

간월암에서

일렁이는 푸른 바다 잠든 바위가
달빛에 반해
허공의 밧줄 잡고 뭍으로 솟아올랐다
해풍에 숨죽이는 순한 파도마저
밤낮 없이 울먹여 몽돌을 만드는데
대나무 잎사귀는 쉼 없이 서걱대며
시름 많은 나그네의 옛 상처를 할퀸다
고기떼는 안 보여도
흔적 없이 오가는 우바이들 발자국마다
지폐 몇 장 시주하며 복을 빌 때면
갈매기도 무슨 원이 그리 많은지
덩달아 날개 접지 못한다
가슴 펴고 손 흔들며
하늘마음 바다 품을 심호흡하자
목마른 영혼의 안식을 위해
여기 짊어진 배낭 내려놓고
저 아득한 수평선 끝자락 병풍 속
그림 같은 산 위로
해 지고 달뜨는 것 그윽이 바라보며
하룻밤 뜬 눈으로 지새고 싶다

얼음장의 해탈

저수지 얼음장은 유리거울
달빛이 곱다
산은
이 밤중에 누가 본다고
거울에 제 모습 비춰 몸단장을 서두를까

별빛이 온 몸 깨 부시어
스킨십 해오면
놀란 나무들이
허공으로 물구나무를 설 것인가

봄바람 불어
거울이 녹아 물이 된다 해도
수양버들이 물속에서 뛰놀고
흰 구름이 용궁으로 초대된다 해도

해탈한 얼음장은
겁내지 아니하며
시기하거나 근심하지 않는다
득도한 얼음장은 오늘밤이 극락이다

어느 쓸쓸한 날의 독백

꽃샘추위에 헐떡이며 가지에 매달린
철 지난 나뭇잎처럼
생명줄 끊어지는 그날까지
움켜진 욕망의 목마름을 어찌할까?
시들지 않고 떨어지는 꽃을 닮고 싶어
풀숲에 내리는 이슬 한 방울에도
청순한 삶을 다짐했건만
시시각각 사위어가는 들풀의 처연한 몸부림에도
매정하게 외면할 수밖에 없는 신의 눈물을
안타까워한다
성모 마리아를 닮은 노약자석 여인의 가슴에 안겨
쌔근쌔근 잠든 아기의 모습에서
혁명의 열정과 십자가의 고난을 짊어진
예수를 떠올림은
사함 받지 못한 원죄 때문일까?
검은 뿔테 안경을 끼고 바구니를 든 채
찬송가에 발맞추어 지르박을 추면서 일용할 양식을
구걸하는 시각장애인의 당당한 모습에서
사위어가는 검불의 밑바닥에서 움트는
생명의 활력을 온 몸으로 느끼며
강 건너 마을에서 피어오를
봄날의 부활을 꿈꾸어 본다

마음의 등불 켜고

등불 꺼진 어둠의 길
갈 길을 인도하는 신의 음성은 들리지 않는다
길이 있고
문이 있으되
생명의 길과 멸망의 문을 가려낼
아무런 표지판도 가치의 기준도 없다
거짓 예언자와 선지자들의 감언이설이
어리석은 인간의 자유의지가 빠지기 쉬운
아집과 편견과 속단을 자극하여
미혹의 늪으로 밀어넣는다
진리와 생명의 길은 고독의 가시덤불 헤치고
스스로 개척하여 걸어가야 하는
전인미답의 오지로 보인다
숨차고 발걸음 더딘 나의 길 따라
험난한 순례의 여정에 동참할 자는 아무도 없다
겨울이 가고 봄이 오는 길목에 서서
마음의 등불 켜고
바람도 햇살도 알려주지 못하는
나의 길 찾아 헤매는
외로운 발길이 너무 무겁다

이름 없는 들풀처럼

이 세상 여행 끝내고 저승나라 들어갔을 때
이승살이 한 세상 너는 누구였으며
무엇하다 왔냐고 물으면 어떻게 대답할까

나는 아직도 내가 누구인지 알 수 없고
후미진 들녘 아무도 보아주지 않는
이름 없는 들풀로 살다 왔다 대답하면
칭찬을 받을까? 비난을 받을까?

연극 같은 한 세상 주연을 못 맡으면
조연이라도 하고 싶어
잔꾀도 부려보고 주먹질도 해 보았지만
배경음악 한 자락 속
들리지도 않는 소리였다 말하면
상을 줄까? 벌을 줄까?

저승나라 백성들이 주연에 알맞다고
끝나지 않을 연극의 가이드를 맡기면
어찌할까?
이름 없는 들풀 같은 관객이 더 좋은데

목련을 보며

고난 중에 생각하며 의에 목마르면
형통을 꽃피울 희망 하나 전해주려고
기나긴 어둠의 터널 뚫고
앙상한 가지 끝에 백사초롱 매달았구나

오물처럼 살다 죽은 죄 많은 영도
삼천생 공들여 갈고 닦으면
청초한 넋이 되어
한자락 봄비에도 꽃으로 피는가

파르르 파르르 몸 떠는 목련나무 가지들
그들 야윈 핏줄 속에
청정법신 비로자나불이
수천 송이 화신으로 나투심에 놀랐음일까

태초의 말씀이
우주법계 진리의 옷을 입고
한 송이 꽃으로
현현하심을 깨달았기 때문일까

부귀도 영화도 인생도 한 주일쯤 피었다
어딘지도 모르는 길 떠나야 할 꽃잎 같은 것이지만
삼천 생을 곱으로 돌면 다시 올 수 있다는
꿈 하나 심어주러 왔다며 웃고 있구나

노인이 시를 쓴다는 것은

아침의 광장이 걸레질 해 놓은
시골집 마룻바닥처럼 깨끗한 것은
새벽을 깨우는
청소부 아저씨의 손길이 닿았기 때문이다

미루나무 위 까치 짖는 소리가
봄노래 부르는 계곡 물소리처럼 청아하게
들리는 것은
해장국 한 그릇에
지난 밤 술독을 풀어버린 때문일까

박 노인의 기침소리가 유람선 뱃고동 소리처럼
미끄럽게 들리는 것은
할멈 앞에서
새우깡 한 개에 비상과 활강을 반복하는
갈매기의 지혜를 터득한 때문이겠지
그것이 사랑이라는

노인이 시를 쓴다는 것은
꽉 막힌 마음의 하수구에 구멍 뚫는 일이다
외로운 달빛 아래서
헌 옷 한 벌 걸치고 아무도 보아주지 않는
비단 옷을 꿈꾸는 것이다

봄이 오는 소리

햇살의 젖 빠는 소리 숨 가쁘고
검게 늙은 자궁의 입에서 신생아들이
괴성을 지르며 태어난다
무덤 앞에 고개 숙인 할미꽃 같은 여인의
손에 쥐어진 비닐 주머니 속으로 갓 태어난 냉이와
쑥 꽃다지들이 봄날의 청춘을 뒤로 한 채
줄줄이 유폐된다
정념의 물기가 돈 수양버들 휘늘어진 가지가
호수의 방죽을 넘으면
춘정에 겨운 잉어들이 하릴없는 태공의 바늘을
겁 없이 물고 금싸라기 햇살 앞에 알몸을 자랑한다
지난 가을 떨어져 내린 상수리나무 잎사귀들이
부활하지 못한 십자가의 죄인인양
참회할 것도 없는 일생을 뉘우치며 한 줌 부토로
돌아가기만을 기도하는데
살랑살랑 귓전을 간질이는 봄바람의 위무가 따스하다
웅덩이의 개구리가 찢어진 목청으로 나팔을 불면
구름 타고 내려온 아지랑이가
치맛자락 흔들며 봄나물 캐러가든 순이처럼
사픈사픈 걸어온다
아지랑이 물결 따라 봄의 선두주자들이
줄지어 시끄럽게 달려온다

승자의 기록

꽃샘바람은 질투심 많은 원부怨婦의 독기다
자비의 햇살이 쉼 없이 해독의 에너지를 투사하니
봄은 질투와 사랑의 전장에 세워진
사랑의 전승비다

망해버린 왕조의 성곽과도 같은 폐묘廢墓의 잔해 위로
봄의 햇살이 진지를 구축해도
방풍림의 철책을 넘지 못하는 원부의 손톱은
무용의 시기猜忌일 뿐

명당이 따로 없다
여기 한 평 남짓 허가 없는 유택에도
진달래꽃 피어나고
개나리가 아장아장 재롱부리어
심심한 꿀벌들 날아드는 날
무덤의 영들도 벌린 손 치켜세워
승자의 영광을 위해 천천세를 부르리라

계절은 언제나 싸우면서 가고 오니
전승비의 비문도
승자의 기록으로 고쳐 쓰는 것
인생이 그러하고 정의가 그러하듯

허공이 비어 있는 것은

흙냄새가 이토록 구수하고 푸근한 것은
그것이 나의 전생이었고
돌아가야 할 고향이기 때문이리라

초목들이 이토록 다정하게 느껴지는 것은
그것들이 나의 옛 친구들이었고
돌아가 다시 만나 정들이며 살아가야 할
도반들이기 때문이리라

바람결이 이토록 시원해도
종잡을 수 없는 것은
아지랑이 같은 내 그리움의 무늬가
회색이기 때문이리라

허공이 저렇게 텅 비어있는 것은
채워도 채워도 다 채울 수 없는
내 가슴 속
탐욕의 창고를 비우라는 것이다

밥 냄새

산 아래 외딴집
장작불로 아침밥 짓는 굴뚝 연기에
밥 뜨물 냄새가 난다

연탄 냄새 가스 냄새 하수구 냄새에
찌들대로 찌든 후각이
저 고색창연한 유년의 추억을
아직도 간직하고 있다는 것은 즐거운 일이다
기세 등등 천공으로 비상하는 기억의 잔해 속에
어머니가 시래기 국을 끓이고
누님들이 봄나물을 무친다

구름으로 동화한 굴뚝 연기들이
이루지 못한 청춘의 꿈으로 피어올라
제국의 왕으로 말을 달리고
천상의 양귀비와 연애를 해 보지만
이 또한 구름처럼 흩어지는 꿈이란 걸 깨닫는 날

지난 밤 밥 뜨물 냄새 그리워지면
외딴집 지붕 위로 주룩주룩 빗물 되어 내리겠지
그리움도 슬픔도 외로움도
빗물처럼 씻으라고

눈물어린 쑥국

내가 읍내 병원에 입원한 이튿날부터
어머니는 꽃샘추위가 기승을 부리는
논두렁 헤치고 뜯어온 하얀 새 쑥에
된장 쌀뜨물 풀어 쑥국을 끓여주셨다

어머니가 나누어준 쑥국 먹은
이웃 병실 사람들은
이삼일 간격으로 퇴원을 하거나
그중 몇 사람은 아예 저승길로 들어서고 말았지만
나는 그 병원 최고참 입원환자가 되어
얼마 남지 않은 생의 양식을 야금야금 까먹고 있었다

바람에 흔들리는 호롱불 같은
외아들의 목숨 지켜보며
어머니는 타들어가는 가슴의 통증 감춘 채
언제나 입가에 잔잔한 미소를 흘리고 있었다
눈물보다 더 애잔하고 슬픈
그 미소를 잊을 수 없다

땅의 열기와 햇살의 따사로움이 줄탁동시로
밀고 당기니
어머니의 미소처럼 해맑은 새 쑥들이
그 보드라운 입술로 도시 논두렁의
딱딱한 지각을 뚫고 얼굴을 내민다

봄이 와서 쑥들이 솟아오르고
어머니가 끓여주신 쑥국 먹고 살아난 자식 아직도 살아있어
오매불망 임 그리워 천지사방 헤매다가
지금은 내 손으로 뜯은 쑥에 된장 쌀뜨물 풀어
아내가 끓이는 국 부엌에서 끓고 있는데
숟가락도 안 드시면 나는 어찌합니까?
어머니!

장날

재래시장 장날은 잔칫날이다
발을 밟아도 어깨가 부딪혀도 성내지 아니하고
여인의 백두산정을 사려 깊지 못한 내 팔이 더듬어도
그건 성추행이 아니다
살아온 세월이 억울하다며 그토록 슬프게 울어대던
귀도 생선장사 고함소리에 울음을 멈춘다
메밀묵 도토리묵 막걸리 파전 녹두전이
옷소매 잡아당기는 길가 간이식당에 앉으면
그 시절 노동판에서 즐겨 두들기든
짓고땡이 화툿장이 달려오는데
오늘은 이 팔 장에 짓고 삼 팔 따라지다
천 원짜리 넉 장이면 따라지 인생의 한 끼 식사에
막걸리 한 잔 쯤은 덤으로 준다
고개를 들어라 죄 짓는 거 아니다
오늘은 잔칫날, 면벽 수행은 마음으로 하는 것
재래시장 장날은 사람 사는 냄새 구수해서 코가 기쁘고
풋풋한 자연산 풍경화에 눈이 즐겁다
재래시장 장날은 장바닥 한 복판에서 무애춤이라도
한바탕 추고 싶은데
원효의 춤사위엔 제도된 중생이 구름떼로 몰려왔지만
내가 추는 춤바람엔
미친 놈 잡겠다고 경찰차가 달려오겠지

옳거니, 삿갓이나 눌러쓰고
잔치국수 한 그릇으로 팔만 사천 번뇌와 함께
오늘 하루 불사르고 그 불빛 달구어서
내일을 기약하며 지는 해나 배웅하자

찰나 생 찰나 멸

낮잠 한 숨 자고 일어나
하품 한 번 하고 나니
구름의 삼천 생이 다 지나가 버렸네

산 까치가 즐겁다고
바람 타고 짖어대도
산수유 노란 잎은
지는 해를 슬퍼한다

송림이 푸르러도
옛 친구 몰라보고
달빛이 곱다한들
너도 나도 초면이라
아득한 전생 속의 한 토막 추억일 뿐

운동장 한 바퀴 돌고
하늘 한 번 바라보니
저수지 잉어의 한평생이 별빛 속에 저문다

물꽃

부슬비가
벚나무 가지에 물꽃을 매달았다
지난밤 꿈길을 즐겁게 해 주던
천국의 그 空花
節婦의 소복 같은 애절한 그리움은
그러나
꿀벌을 기다리는 사랑 때문은 아니다
흐느낌이 없는 가느다란 떨림은 차라리
성모 마리아의 거룩한 미소
안개와 어둠을 먹고 살아가는 일생이
하루살이 한 끼 밥 먹는 시간이지만
임종을 재촉하는 햇살을 결코 미워하지 않는다
한 방울의 낙화는 십자가의 보혈
부활한 생명들이 지천으로 피어오르는
기쁨으로
공화는 조용히 눈을 감는다
오늘밤 꿈길에서 천국의 꽃으로
다시 피기 위하여

호수 속에 우주가 들어있다

흐름이 차단된 호수의 마음이라고
마냥 갑갑한 것만은 아니다
세월의 감옥에 유폐된 유배객의 마음이라고
노상 고독한 것만은 아니다
태공의 낚싯대가 하루의 사냥을 끝내고
귀가할 무렵 불안에 떨던 잉어들이
정신없이 흔들던 꼬리를 말없이 내리고
조용한 안식에 들면
심중을 어지럽히던 수중 먼지마저 번뇌의 불을 끄고
열반에 든다
밤하늘 초승달이 조무래기 별들을 거느리고
마실을 오면
휘늘어진 수양버들 가지도 철망을 넘는다
호반을 거닐던 시름 많은 유배객 한 사람
하늘 한 번 쳐다보고 물 한 번 바라보니
물속에 물구나무 선 또 한 사람의 유배객이
손을 흔든다
호수 안에 우주가 들어있고
우주 속에 호수가 들어있다
호수의 마음이 우주의 마음이고
유배객의 마음이 호수의 마음이다

벚꽃 핀 날의 상념

만발한 벚꽃 송이송이 사이로 비집고 들어선
달빛의 고요가 쓸쓸한 임의 모습을 닮았습니다

꽃인지 사람인지 구분조차 어렵게
환하게 피어올랐든 청춘의 추억도
이제는 장롱 속에 유폐되어 눈물만 자아내게 하는
빛바랜 사진일 뿐 이별의 열차는 돌아올 줄 모르네요

벚꽃처럼 살다가 벚꽃처럼 가기를 원했건만
새끼줄에 묶여 바지랑대에 걸린 시래기처럼
시들어가는 목숨
눈물뿐인 벚꽃나무 그늘에서 임 생각에 젖어봅니다

상처 없는 꽃이 없듯 이별 없는 만남이 있으리오만
풀지 못한 회포가 아직도 남아
철지난 상수리나무 잎새처럼
가지에 매달려 떨어지지 못합니다

하지만 임이여, 보십시오
벌써 벚꽃 진 자리에 조롱조롱 열려 새까맣게 익어가는
버찌를 까치들이 입에 물고
이산 저산 뿌리지 않습니까

임께서 뿌려놓은 버찌들이
아름다운 우주의 뜨락 임의 뿌리 덧대어
임과 한 몸 되어 무럭무럭 벚나무로 자라
머지않아 봄 동산을 아름답게 수놓을 것입니다

갑자기
벚꽃 사이 비집고 들어선 달빛의 고요가
만면에 웃음 띤 임의 모습을 닮아가고 있습니다

봄이 아름다운 것은

봄의 물기가 나무의 몸속으로 스며들어
생명의 열정이 꽃으로 피어오를 때면
가슴 속 파고든 꽃바람 타고
어디론가 멀리 날아가고 싶어진다

얼음 풀린 강물 위로 해탈한 산들이
배낭 하나 걸머지고 만행을 떠나고
지리산 산수유가 노란 입술 내밀어 꿀벌을 부르는데
굳어진 마음인들 녹지 않고 견디랴

내 고향 은피라미 봄 햇살에 춤출 때
눈 부셔 눈 부셔
조무래기 태공들 낚지 못하여 호음산 멧돼지가 껄껄 웃으면
시집가서 매 맞아 죽었다는 순이도
할미꽃 피어올라 다시 돌아오리라

봄의 냄새가 꽃의 향기로 코를 간질이면
어두운 마음 속 겹겹이 쌓인 원한과 미움
후회와 번민의 응어리들
산정의 잔설 녹듯 용서와 사랑으로 풀어지리라

봄이 겨울보다 아름다운 것은
사랑이 미움보다 강하기 때문이다

비 오는 날에는

비 오는 날에는 슬픈 노래를 틀지 말자
개울물의 흐느낌에도 젖은 가슴 타고 흐르는
비탄의 강물이 굽이굽이 휘돌아 소처럼 깊어 가면
언덕 위 미루나무에 둥지 튼 까치들 축 늘어진 날갯죽지가
어쩌면 서러운 임의 어깨처럼 처연해 보이리라

비 오는 날에는 경쾌한 음악 틀어놓고
미끄러운 도로를 고속으로 달려보자
진달래 동산이 개나리 끌어안고 역방향으로
마라톤을 하고 조선조 임금이 고려조 옥새를 손에 들고
이어달리기를 하리라

이따금 구름 걷힌 하늘이 햇살 보이면
휴게소 인파가 비에 젖어 우울해진
분소의 벗겨내고 다비식을 해 주리라

비 오는 날에는 추억의 일기장은 읽지 말고
공상의 하얀 백지 위에 소망의 그림 한 폭 그려보자
성취한 사랑일수록 시시하고
이룰 수 없는 것일수록 아름다운 것

벗이여,
비오는 날에는 눈물 나는 이야길랑 꺼내지 말자
이별의 씨앗이 만남이라면
만남의 열매가 이별이라 할지라도

만행의 길

친구여, 봄이 왔으니 길을 떠나자
우리도 삿갓 하나 눌러쓰고 지팡이 짚으면
김삿갓이 아니냐
너와 나의 시에서는 밥도 술도 안 생기지만
호주머니에 지폐 몇 장은 들었으니 삿갓보담 상팔자지

걷다가 피곤하면
민박집 근처 목로주점 그 시절 아줌마라도 만나
한 잔 두 잔 하다보면
치맛자락 걷어 올리고 허벅지 드러낸 채 풀어내는
기막힌 신세타령에 3류 시 몇 수쯤이야 건지지 않겠느냐

조부의 죄가 손자에게 이어지는 연좌제는 사라져도
가난의 죄가 누대로 상속되는 초법의 현실 앞에
너와 나는 아직도 죄인의 삿갓을 벗을 수 없다

친구여, 진달래를 보았느냐 벚꽃이 피고 진다
봄날은 선술집 손님처럼 왔다가 가고 여름 또한 길지 않다
흐르는 세월의 물결 위에 빈 배 하나 띄우고
삿갓 쓴 사공 되어 아름다운 이 강산 신명나는 인생항로
지팡이로 노 저으며 구경이나 하다 가자

친구여, 어차피 버리고 가야할 것들 미리 미리 다 버리고
빈 마음 가벼움으로 죽장에 삿갓 쓰고 방랑 삼천리
김삿갓 흉내라도 한 번 내 본다는 것이
얼마나 자유로우냐

친구여, 봄이 왔으니 길을 떠나자
해탈이 멀지 않는 만행의 그 길로

목련에게

우주의 백사초롱에 불이 밝았다
심지를 올려라
살라먹을 어둠이 다 가시지 않았다
두 손 합장 치켜세운 불꽃은
연기도 냄새도 없는 새하얀 그리움으로
평화를 기원하는 소녀의 기도

고통스런 과거는 흘러간 강물이고
한 줄기 봄비에 불 꺼진 추레한 모습으로
화단을 뒹굴어야 할 일도 알 수 없는 내일이니
꽃이여,
오늘 만은 너의 우아한 자태 속에 감춰진
청순한 영혼을 마음껏 노래하라

설령, 하늘을 찌를 듯 뻗어 오른 정수리가
이루지 못한 사랑의 안타까움을 토해내는
몸짓이라 해도
우주의 백사초롱은 너를 순종밖에 모르는
조선의 아름다운 여인으로 각색하고 말 것이다

목련아, 너야말로
순종이 미덕일 수 없고
아름다운 것이 오래 머물지 못하는
이 시대의 순교자일지도 모른다

무지개의 딸

봄 산에 불나니 그녀 가슴에도 불붙었다
불곰처럼 산을 오르는 그녀는
빨주노초파남보
산신령 점지 받은 무지개의 딸인지도 모른다

백두산과 한라산으로 솟아올라
능선과 계곡으로 출렁이는 가슴팍에는
노란 개나리꽃 만발하고
머리 위에는 빨간 철쭉이 불을 내 뿜고 있다

그녀는 하얀 운동화를 신고 검정 머플러 목에 둘러
스스로의 정체를 위장한 채
가슴 속 타오르는 불을 꺼줄 소방수를
애타게 찾고 있는지도 모른다

그녀의 걸음이 빨라진다
화산처럼 폭발한 진달래 숲으로 몸을 던진다
진달래와 한 몸으로 장열하게 소사하여
어느 주룩주룩 봄비 내리는 날
빨주노초파남보
무지개의 딸로 되돌아가고 싶은 것일까?

박 노인의 진달래

봄 산이 간지러워
진달래 송이송이 불을 지르니
송충이 뜨거워서 도망을 가고
잠에서 깨어난 뱀 새끼들 기지개 켜고
창문을 연다

엉겅퀴 걷어낸 자갈밭을
콩고물 떡으로 만들어놓은 박 노인
벤치에 앉아 담배 한 대 꼬실린 후
진달래 불꽃 물고 먼 산 바라보며
연분홍 진달래 순이 생각에
주름진 눈시울이 촉촉해 진다

시루떡 고물 위에 상추를 심자
산 꿩이 몇 번 더 울고
저수지 황새가 임을 만나면
불타버린 봄 산 진달래 잿더미 속에
사리 몇 점은 건질 수 있으리라

박 노인 심은 상추 보리밥상 올라오면
연분홍 진달래 순이가
숟가락 챙겨들고 찾아오려나

숲의 말

숲의 언어에는 표준어가 없다
눈 귀 코 몸짓
때로는 침묵도 의사가 소통되는 방언이 된다
만상 평등의 민주공화국인 숲의 문명은
하늘을 찌르려는 첨탑도 필요 없고
거창한 표어로 장식된 깃발을 세우지 않아도 된다
벌 나비는 말하지 않아도 꽃의 마음을 알기에
꽃은 벌 나비 입술이나 날개에 실어
먼 산 벗들에게 사랑의 편지를 띄울 수 있다
숲도 산 벚꽃 질 때 흘린 눈물 모아
새로 피어난 밤꽃 얼굴 닦아주며
소멸의 비애와 탄생의 환희로 울고 있지만
결코 슬픔과 기쁨의 속내 드러내지 않는다
숲의 몸은 아버지의 몸, 숲의 마음은 어머니 마음
묵중한 몸에 기대어
만상이 평화롭고 자비로운 마음의 생수 마시며
목마른 영혼의 갈증을 푼다
산 숲에 들어서면 신을 느끼지만
겸손과 사랑인 숲의 신은
스스로의 표준어를 만들지 않고 만백성 방언을
귀 기울여 듣는다
뻐꾸기는 뻐꾸기의 소리로 울게 하고

오동나무는 오동나무의 방언으로 말하게 한다
표준어만 통용되는 숲은 이미 숲이 아님을
숲은 알고 있다
사람들은 잘 모르지만

사라진 것들을 생각지 말자

새로 태어나는 것들을 위해
사라진 것들은 잊어버리자

느티나무 그늘 아래 돗자리 깔고 앉아
햇살로 실을 감아 오늘을 직조하는
잎새들 손금 위의 희망을 보자

사월이 가면 오월이 오듯
태어난 것들은 사라져 가고
사라져 간 것은 다시 돌아오지 않는다

그가 오면 내가 가고
내가 가면 그가 오고

오월의 숲에선
사라진 것들을 생각지 말자

솔꽃

꽃이 되고 싶지 않았다
떨어져 내리고 싶지 않아
예쁘게 피지 않았다

하늘로 날고 싶어 가루가 되었다
음식이 되고 싶어
내공을 쌓았다

별들이 찾아와 꽃이라 불러주고
바람이 무등 태워
천지사방 흩어졌다

엿물과 어우러지면 과자가 되고
외로운 솔방울의 눈물도 되었다가
나그네 인생길 풍경이 되리라

4부

되고 싶은 마음

내 마음
오월의 아침 청결한 이슬 머금은
신록이었으면 좋겠다
폐부를 적시는 상큼한 바람이었으면 좋겠다

풍요에도 타락하지 아니하는
가난한 들풀이었으면 좋겠다
우주를 다 품을 수 있는 넓은 하늘
화평한 구름이었으면 좋겠다

부드러운 꽃잎 속에서도
義의 가시를 버리지 않는
한 떨기 장미였으면 좋겠다

내 마음
오월의 아침
약동하는 생명을 축복하는
까치의 노래였으면 좋겠다

춤추는 느티나무

느티나무가 춤을 춘다
흔들리는 춤사위가 고전무용이다
햇살에 반짝이는 잎새의 표정은 미소 띤 관세음보살이다
일렁이는 몸짓은 바다의 물결이다

천년 세월이 지루하지 않은 것은 햇살과 바람이 있고
천년을 살고 싶은 백년 인생들이
가지마다 무지갯빛 편지로 소원을 빌고
그늘 아래 모여들어 다정한 이야기 들려주기 때문이다

주어도 주어도 더 주고 싶은 것이 나무의 마음이라
못다 베푼 심장에 멍울이 생기는지
이따금 비 내리는 날에는 천둥 번개 한 몸 되어
우르루 쾅쾅 울기도 한다

햇살 옷 걸쳐 입은 내 고향 느티나무가
타관 땅 낯선 마을 입구에서
여름 바람 끌어안고 춤을 춘다
조상님들 즐겨 추던 고전무용이다

느티나무의 가슴

내 고향 마을 입구에는
팔백년 수령의 느티나무 한 그루가 서 있다
나무의 가슴팍에는
고려사와 이조실록 육이오 전쟁이나
우리 집 가족사를 비롯하여
내 유년의 추억들이 알알이 박혀있다

고향 가는 날
마음으로 큰 절 올리면
나무는 말없이 아름답고 슬펐던
옛날의 추억담을 생생하게 들려주곤 한다

내 고향 느티나무가
마을의 수호신으로 우뚝 선 것은
찬 이슬 따가운 햇살 주저 없이 받아들이고
비바람 눈보라에 부대끼며 시련을 겪었고
외로운 밤이면
하늘의 달과 별에게 인내를 배웠기 때문이다

느티나무의 열매는 그늘이다
그의 품은 바다처럼 깊고 넓다
그의 사랑은 만인의 어버이다

사람 사는 세상에 사랑이 고갈되고
그늘이 부족한 것은
사람들이
느티나무의 가슴을 잃었기 때문이다

오솔길 걸으며

그대 오길 기다리는 적막한 오솔길
백사초롱 등불 켠 아카시아 푸른 향이
사십년 세월을 지척으로 돌린다

바람결에 묻어나는 그대 땀에 젖은 숨소리가
겹겹이 싸놓은 그리움의
때 묻은 삼베 보따리를 풀어버린다

아카시아 그늘 밑 벤치에 앉아
그대와 나 주고받은 사랑의 맹세가
백사초롱 하얀 꽃잎
흔적 없이 사라져간 촛농이든가

세월 흐르고 사람은 가도
그리움은 남는 것
적막한 오솔길 아카시아 등불 켜고
옛 사랑을 반추한다

은자의 고추밭

고추밭 고랑에서 하루해가 저문다
유배된 땅에도 햇살은 곱고
결박당한 몸에도 사슬 풀린 마음은 우주를 난다
은둔의 즐거움이 백팔 번뇌 불사르니
만상이 낙이로다

심어놓은 고추는 제힘으로 자라고
땅은 다그치지 않아도 고추 뿌리 입 벌려
밥 먹여주며
변신한 흰 구름은 목마른 고춧잎에 물먹여준다

잘 나가는 사람들아
날 부르지 말아다오
은둔자의 수화기는 고독이 벗이란다

고추밭 고랑에서 인생이 저문다
이렇게 살다가 사라져 간다한들
손해 볼게 무엇인가
유배지 인생이야 밑져야 본전인걸

지금 그 사람 만난다 해도

시드는 찔레꽃
헤어진 옛 벌님 만난다 해도
사랑했단 그 말만은 하지 못하리

무덤까지 안고 가야 할
심중의 진실은
말로써는 전할 수 없는 영혼의 숨결

때늦은 후회는
참회로도 씻을 수 없는 윤회의 씨앗
차라리
망각의 언덕에 보리꽃이 되리라

이제는 임자 없는 그 사람 만난다 해도
떨어져 갈 찔레꽃
눈빛으로 전하는 침묵의 언어로도
사랑했다 그 말만은 하지 못하리

국사봉에서 만난 여인

초록 뱀의 슬픈 울음소리가 들릴 듯
적막한 국사봉 정상에 앉아 땀을 들이노라니
어디서 날아왔는지 잠자리 한 마리 무릎 맨살에 앉아
날개쭉지 아래위로 흔들어대며 착지에 열중하고 있다

산 아래 높고 낮은 등고선이 내 살아온 지난날처럼
펼쳐져 있다
산등성이마다 상수리나무 소나무 오동나무 밤나무 등속
간격을 벌리고 서서 하늘길을 오르고 있다
저 수목들의 여린 잎들이 소곤대는 말의 높은 향기를
제대로 맡으려면
나는 얼마나 더 낮아져야 하는 것일까

나는 나만의 일만으로도 벅차서
까닭 없이 서러워져 두리번거리는데
갑자기 상념을 깨는 소리가 들려 돌아보니
역도 선수를 닮은 건장한 체구의 여인이 호탕하게
웃고 서 있지 않은가
성지순례 때 잠시 만나 이야기 나눈 적이 있었던
보살님이었다

보살님, 여자 혼자 이 첩첩산중을 어떻게?
나 같은 여자는 잡아갈 사람도 없어요 그런데 선상님은 어떻게?
나야 뭐 가진 게 있나요 권력 없으니 시기하는 사람 없고
돈 없으니 도둑 따르지 않는 자유인 아닌가요

저도 자유인 되었어요 남편이 ……남편이 죽었거든요
여인의 얼굴 위로 금세 소나기 같은 눈물이 주룩 쏟아져 내렸다
선상님, 우리 자유인끼리 조용한 사찰에 가서 일 년만 살다가 와요

자유인! 자유인!
옛날의 여자들은 남편이 죽으면 열녀가 되었다는데
저 슬픈 자유인의 눈물을 무엇으로 닦아줄까

눈물 젖은 밥상

고추밭 풀향에 코를 적시면
직립으로 비상하는 고추나무 대궁의
화들짝 놀란 가슴
토해낸 고추꽃 새하얀 웃음

꽃잎이 작다고 사랑조차 모르랴
백색 그리움을 임인들 외면하랴
소리 없는 짝 짓기에 태어날 옥동자들

태양빛 뜨거운데 흙인들 차가우랴
고추가 익어 가면 여름이 익어가고
고추가 붉어지면
만산의 풀과 잎도 홍엽으로 물들리라

고추밭 원두막에 햇살 퍼지니
풋고추 된장 찍어 보리밥 물 말아 먹든
그 시절 밥상이
눈물 젖은 모습으로 사푼사푼 걸어오네

김밥 몇 줄이면

청빈을 먹고 사는 고독한 자여
쓰레기 더미에서 진주를 찾느냐
구하는 게 많으면 근심 또한 많아지는 법
김밥 몇 줄이면 하루해도 배부를 것을

산비탈 고사리도 바람 따라 흔들리며
제 멋에 산다
연하다 꺾지 말고 햇볕 좇아 놀게 하자
산나물 마을에도 비는 내린다

가져봤자 별 수 있나
누려본들 별 것인가
대붕이 날아가도 깃털조차 안 보이고
허물어진 古城에는 기왓장도 외롭다

명리에 눈 감은 채
의의 길 걸어가는 수행자여
구름 따라 떠도는 길
소나기가 온다 한들 근심할 게 무엇이며
우박이 떨어진들 두려울 게 무엇인가

김밥 몇 줄이면 하루해도 지는 것을

산딸기

유월 수해의 타는 신호등
염천이 애무하는 빨간 젖꼭지
이루지 못할 사랑의 전설이
알알이 단심으로 물드는데
고적 산중
순이의 혼령인들 어찌 뜨겁지 않으랴

행여,
그리운 사람 못보고 지나칠까 저어하여
적색 화신 나투신 몸 주린 목마름으로
빨강 얼굴에 빨간 화장 덧칠하고
진종일 그대 오는 길목 떠나지 못한다

똬리 튼 뱀이 입맛 다시고
산까치의 부리가 사냥을 준비해도
그대 기다리는 길목 그냥 두곤 못가리라
오체투지 빨간 신호등
선채로 이 자리서
새빨간 돌무덤이 된다 해도

산정에 올라 조용히 눈 감으면

산정에 올라서면
청빈낙도의 나무들
비굴을 모르는 웃음으로 나를 반긴다

고요히 선정에 들면
낙타 등 올라타고 바늘귀로 들어가고픈
부질없는 욕망의 불길 차분히 잡아주는
어머니의 부드러운 손길
자장가가 그리워진다

가진 것 많아지면 미련도 많아지며
배부른 새가 하늘을 날지 못하듯
소유의 욕망이 존재의 의미를 덮어버리는
교만으로 스스로를 묶어버림을
나무들의 안빈낙도가 일깨워준다

산정에 올라 조용히 눈 감으면
가난해진 심령은
개미떼의 행렬에서 긍휼을 느끼고
의에 주리고 목말랐던 거룩한 분노마저
평화의 동산에서 노래가 된다

숲

여름 숲이
낙엽 지는 가을의 비애를 근심한다면
저렇게 푸르지는 못 하리라
지난겨울 눈보라가 할퀴고
벌레들에게마저 외면당한 억하심정이 남아있다면
넓은 품 활짝 열어
만상을 자식처럼 품지는 못하리라
숲은 지구별의 허파
대양을 헤엄치는 돌고래의 산소통
오늘을 위해서
모든 것을 잊었고 모든 것을 품는다
숲의 노래가 아름다운 것은
더불어 함께 살고픈 나무와 풀들의 마음이
곱기 때문이며
여름 숲이 저토록 평화스러운 것은
다소곳이 고개 숙인 그늘의 겸손이
고요하기 때문이다

느티나무의 줏대

바람아 불어라 나도 불리라
바람아 쉬어라 나도 쉬리라

비여, 올 테면 오고 갈 테면 가라
비 내리는 날에는 목욕을 하고
햇살 고운 날에는 그늘을 만들리라

이름 모를 산새들아 내 품에 안겨
울고 싶으면 울고
즐거우면 노래하라

내 마음 괴로우면 노래가 울음 되고
내 마음 즐거우면 울음도 노래로 들리나니
내 생각 하지 말고 좋을 대로 하여라

근심 많은 사람들아
내 그늘에 앉아
날더러 줏대 없이 산다고 말하지 마라

흔들리며 사는 것이 줏대인 것을

소나무 가지에 장미꽃이 핀다 해도

아카시아 백사초롱 등불 꺼져도
반달로 직조한 남은 잎새들
초록 색등 불 밝히고 바람 속을 노니네

노을빛 물드는 타는 그리움
별리의 슬픔이야 잊힐 리 있으랴만
흔들리는 춤사위로 털어내는
애증의 세월

아카시아 꽃잎 눈발처럼 폴폴 날리던 날
벤치에 앉아
소나무 가지에 장미꽃이 핀다 해도
변치 말자 다짐했던
오! 나의 사랑이여

백사초롱 등불 꺼져도
동산 아카시아 잎새들 푸른 등불 켜들고
저토록 아름답게 그리움 한 빛깔로 물들어 가는데
애증의 세월 그대로 둔 채

한 자락 춤사위의 흔들림도 없이
그렇게도 쉽게 떠나버린
그대, 무정한 사람아

스쳐 지나갔으면

등산길 처음 만난 사람
나무의자에 앉아
잠시 이야기 하고 스쳐 지나가듯이

산초나무 잎사귀
냄새 한 번 맡아보고
스쳐 지나가듯이

금잔화 꽃송이 꿀벌 지나가듯이
흐르는 개울물에 바람 지나가듯이
비 오는 날 번개 번쩍 지나가듯이
달빛 아래 그림자 지나가듯이

잊을래야 잊을 수 없는
정든 임 생각도
그냥 그렇게 스쳐 지나갔으면

김 의원?

나의 산방에는 이따금 자칭 김 의원이 찾아온다
차 한 잔을 권하며
몇 대 국회의원을 지냈느냐 물었더니
줄서기 잘못으로 정치적 음지만 떠돌다
쥐구멍에도 볕들 날 있어 반짝 출세를 했지만
이내 토사구팽 당한 정치적 실패자라고 스스로를
소개하는 그의 이상국가론은 경청할만한 내용들이 많았으나
숭례문 불 지른 자와 판사에게 석궁 날린 모 교수를
영웅으로 칭송하는 그의 눈빛과 어조로 보아
그가 권력을 손아귀에 틀어쥐면
그가 휘두르는 복수의 칼날에 적지 않은 사람들이
다칠 것만 같았다

그는 신이 짜놓은 각본에 따라 예수를 팔아넘긴
가롯유다야말로 악역을 제대로 연출한 훌륭한
연기자였듯이
그도 권력의지가 설정해 놓은 시나리오에 따라
악역을 마다하지 아니한 정가의 가롯유다였다고 한다

신 선생!
가롯유다 없이 어떻게
예수의 십자가가 완성될 수 있었겠습니까?
빌어먹을 놈의 세상
정치도 종교도 팍 썩었어요 썩었어
콱 엎어버려야 합니다

자, 자, 김 의원 진정하시고 차나 한 잔 드세요
천국의 유다는 예수 옆에 있을 것이고
김 의원의 이상국가는 천국에서라도
기어코 이루어질 것이며 숭례문은 재건되었고
석궁이 아니어도 사법부는 정화될 것이니…

자, 자, 차나 한 잔, 나무관세음보살!

도라지꽃

내 고향 꽃이다
우리 집 장독대에서
뒷산 텃밭에서
나와 함께 뛰놀던 유치원 동창생이다

도라지 도라지 백도라지……
우리 엄마 설날 옥단춘전 다 읽고
밑천 떨어지면
겨울에도 즐겨 부르던 꽃이다

옷고름 입에 물고 첫날밤에 불렀다는
누님의 18번이다

우리 엄마 보리밥 물 말아 드시면서도
뿌리에 고추장 발라
외아들 밥상에 허연 쌀밥 고봉으로
차려 주던 꽃이다

도시의 뒷산에도 고향 꽃 피어올라
날 부르는데
정든 띵 정든 사람 어디로 가고
흰 구름만 두둥실 서천으로 흐르네

수제비를 먹으면

오늘처럼 여름비 억수로 쏟아지는 날
저수지 방죽 황새처럼 거닐다가
하늘공원 욕탕 수족관 잉어로 헤엄치다
낙지 한 마리 수제비로 객고를 푸는 데는
이유가 있다

그때 그 시절에도
비 오는 여름날에는 도롱이 등에 업고
앞 논 매놓고
쇠죽솥 물 데워 샤워한 후
애호박 감자 숭숭 썰어 넣고 풋고추 마늘 다져
어머니가 끓여 주신 수제비를 먹었지

그때 먹던 수제비에는
낙지 한 마리 들어있지 않았지만
엄마의 손등처럼 두꺼웠던 수제비
그 넉넉한 몸집
사랑과 정성으로 우려내 뼈와 살 속 스며든
그 다정한 국물 맛을 어찌 잊을 것인가

비 내리는 여름 날 수제비를 먹으면
가난했지만 잘 살았고 적은 것에 행복했던
잊고 살던 그림들이 풍경처럼 떠오른다
입맛으로 굳어진 습 속에
흘러간 시절의 애틋한 노래가 담겨 있다

물

눈이 없는 물들이 몸의 더듬이로 제 길 찾아
낮은 곳으로 낮은 곳으로 흘러간다
방울방울 모인 것들도 뭉치니 힘이 되어
바위도 굴리고 나무도 쓰러뜨리며
산 하나를 통째 허물기도 한다

돌고 도는 물건이라
산 중 옹달샘이 고향인지 바다가 고향인지
하루는 산 중에서 하루는 바다에서 동가식서가숙
사라졌다 생겨나고 생겨났다 사라지는
나그네 일생
호적을 묻지 마라 주민등록도 없다
마음이 슬퍼지면
들풀 위에 내리는 새벽이슬이 되고
울분이 치솟으면 태풍의 심장에서
파도로 포효한다

인생이 저문다고 울지를 마라
물방울이 사라져도 바다에서 만나듯
물레방아 인생도 영원을 산다

나팔꽃

네가 지은 이름 아니다
나팔을 불기에는 힘이 부치다
탁발승의 발우 같은
가녀린 들풀의 비어있는 밥그릇이다

저것은 손대면 터질지도 모르는
울분의 폭탄
포복으로 기어 사는 고행의 언덕에서
나팔을 불기에는 아직 배가 너무 고프다

줄기에 뼈 생기고 살 붙어
직립으로 서 하늘 길 걸어가는 날
나팔을 불어라
그땐 나도 네가 지은 새 이름을 불러 주리라

나팔꽃이라고

아침 풍경

늗개 낀 아침 숲의 고요한 움직임은
잠든 산신령의 숨결 같은 것

문득, 적요한 신비의 베일을 벗고
흰 수염에 지팡이 짚고 도포자락 펄럭이는
도인이라도 걸어 나와
천기 하나쯤이라도 누설해 줄 것 같은
긴장된 기다림으로 묵념을 올린다

매미의 등장을 알리는 찌르레기가
진리에 목마른 나뭇잎들에게
영롱한 이슬로 세례를 주니
불을 품은 동천의 서광이 어린 노루를 타고
숨 가쁘게 달려온다

태초의 말씀 같은 산 숲이 마음을 여니
뭇 곤충 산새들이 찬미가를 부르며
출근길을 재촉한다
아, 지축을 흔드는 생명의 고동소리

매미를 위한 성찬

한 낮의 매미울음 여름을 싣고 가고
해질녘 창밖 귀뚜라미 우는 소리
가을을 싣고 오는데
이른 아침 풀숲 벌레 우는 소리는
누구를 기다리며 부르는 노래인가

남풍이 불어와서 흰 구름 몰아내면
파아란 하늘에 낮달이 떴다가도
서풍이 불고 가면
먹구름 모여들어 비가 올텐데
나팔꽃은 어쩌자고 우비도 없이
가는 여름 배웅하고 오는 가을 마중하느라
아침밥도 못 먹고 나팔만 부네

무논의 나락이 패고 풋밤이 영글어가며
과원의 사과가 빨갛게 익어가니
가을의 전령사 귀뚜라미가 한 상 차려놓고
떠나가는 매미를 손짓해 부른다
여기 가을의 성찬이나 들고 가라며

그 분과 함께라면

그 분이 가신 길은 가시덤불이었지만
그 덤불에는 언제나 아름다운 꽃이 피어 있었다
꽃처럼 화사한 그 분 웃음 떠올릴 때마다
내 가슴 속으로도
맑고 고운 햇살처럼 스며들 것만 같은
꽃향기가 그리워진다

그분을 닮아보려고
메마른 가슴으로 웃어보지만
꽃도 잎도 피지 않는 아스팔트길이 되어버린
마음의 터전에서 웃는 웃음은
일그러진 근육의 의미 없는 동작일 뿐

그분이 걸어가신 길은 바람 부는 황야였지만
황량한 들녘에서도
그 분은 언제나 씨를 뿌리고 계셨다
그분의 부지런한 손과 발 떠올릴 때마다
옥토에 뿌려진 씨앗이 되고 싶어 마음 다잡아 보지만
퇴락한 몸뚱이가 고달픈 신음소리만 낼 뿐

이제 그 분의 거룩한 삶이 떠오를 때마다
그분의 발자취 더듬어 그분 계신 곳 찾아들어가
나는 그분 품에, 그 분은 내 품에 안겨
함께 밥을 먹으며 살아갈 수 있으리란
소망 하나만으로 살아가지요

김천 여행

1

아침 5시 30분 청량리 행 전철 첫차를 탔다
못다 푼 잠 꾸러미를 여기까지 끌어안고 와
꾸벅 꾸벅 졸면서 기도로 풀어내는 고달픈 샐러리맨들
어둠이 채 가시지 않은 창밖
초목들조차 미명의 고요 속에 단꿈을 즐기는데
전등불빛 품고 꾸는 앉은잠의 꿈자리가
악몽일까 길몽일까

오늘은 김천 여행 가는 날
압구정역 내려 관광버스 갈아타고 간다는데
설레는 가슴에도
이 바쁜 세상 힘든 사람들 보며
놀러 간다는 것이 어쩐지 미안하게 생각되어
인생이 무엇인지 고요히 묵상해 본다

잊으려 간다
고달파도 고달프다 말할 겨를도 없이
슬퍼도 슬프다 느낄만한 마음의 자리도 없이
힘들게 살다 가신 분들 잊으려 간다
길지 않을 이 세상 못 잊어 서러운 세월
잊으며 간다

2

관광버스 올라 앉아 고속으로 달리며
차창 밖 풍광 바라보는 것만으로도 훌륭한 관광이 된다
나, 저승나라 갈 때에도 검정색 도포 입은 사자 손에
죄인처럼 끌려가는 것은 싫다
관광버스 올라 앉아
금수강산 구경 가듯 떠났으면 좋겠다
다시 태어난다 하더라도
천국 극락 그 금빛 찬란한 보좌 앞에 사는 것보다
고통 많은 이 세상 지구별의 백성으로
부대끼며 시달리며 이따금 관광버스 올라앉아
구경하며 살고 싶다

3

여기는 관광버스 안
사십여 명 관광객들 장기자랑 한창인데
나더러 노래 한 곡이라도 부르란다
노인이 음정 박자 좀 틀리는 거야 어떠랴만
흘러간 옛 노래의 가사마저 아물아물
어쩌지?
그래, 이럴 때 써 먹을 것 하나 있지 않은가

일류 시인이야 이름 생각을 해서라도
이런 자리에서 차라리 음담패설을 할망정
'시'의 보따리를 풀지는 못할 것이고
2류 만 되어도 한국말인지 외국말인지
스스로도 잘 모르면서 즐겨 쓰는 어려운 말을
버스 안에서 알아들을 사람 없을 것이니
여기에서는 3류가 제격이다

A4용지 꺼내어 볼펜으로 긁적 긁적
즉흥시 한 수 지어 마이크 잡고
꺽꺽한 목소리로 읊어대니 짝 짝 짝 만장의 박수소리
그렇다 내 시의 효용은 관광버스에서 빛난다
시의 품격을 논하지 마라

4

김천 직지사
가을빛 물들이는 계곡 물소리 안주 삼아
산채 정식 한 그릇 뚝딱 해 치우니 아, 배부르다
사물놀이 한 판으로 놀아나 보자
캥캥 캐갱캥 꽹과리 두드리고
징징 징소리
북치고 장구 치니 땀나고 목마르다

포도밭 찾아가 홍포도 몇 알 후식으로 먹으니
아미타 부처님도 뒷전으로 밀려났다

파크호텔 들어가 냉수로 샤워하니 어, 시원하다
낮잠 한 숨 자고나서 부처님 전각 찾아가는데
도자기 박물관이 길을 막는다
상감청자 제조과정 공부해 보니
세상에 대충해서 되는 거라곤 아무것도 없음을 알겠네
질그릇 하나에도 혼을 불어넣어야 하거늘
사람 하나 제대로 되려면
얼마나 많은 시련과 인내, 연단의 과정을 거쳐야할 것인가
평탄한 바다는 훌륭한 뱃사람을 만들 수 없다고 했던가

직지사 저녁 밥맛 너무 좋았다
만세루 올라가 노란색 청색 홍색 연꽃 만들 때
둥 둥 둥 울어 예는 구슬픈 범종소리
중생의 번뇌가 팔만 사천 가지라 해도
녹지 않을 번뇌가 어디 있으랴
저마다의 가슴에 소원 하나씩 품고 광명의 등불 높이 켜들어
대웅전 뜨락 줄서서 탑을 돌았다

직지사도 옛날의 직지사가 아니듯
생긴 것은 변하고 사라지며 나 또한 나라고 할 수 없음에도

탐내고 성내고 어리석은 중생의 무명을 깨우쳐 주옵소서
나무시아본사 석가모니불!
숙소에 돌아와 치킨 안주 삼아 곡주 한 사발 들이키니
극락이 따로 없네 여기가 극락

5

새벽 3시 반에 잠깨어 더 이상 잠들지 못한다
신은 왜 할일도 없는 노인에게 잠이라도 많이 주시지
일을 빼앗아 버리더니 이제는 잠마저 빼앗아 가시는가
여행지의 호텔방에서 뒤척이며 보내는 시간 너무 아까워
어둠의 거리를 무작정 걸었다
손도 발도 없이 깃털 하나 보이지 않는 허공의 새벽 공기가
지구의 수레바퀴를 어떻게 돌리는지
붐하게 밝아오는 새날의 여명은 객수에 젖어 흐려진
나그네의 눈에도 볼수록 아름답다

호텔 식당에서 아침밥 먹고 찾아간 옛날 솜씨마을
두부라도 만들어볼까
맷돌을 돌려라 시계 반대방향으로
이왕이면 인생의 시계바늘도 거꾸로 돌려 봤으면
부엉이를 만들면 재물이 저절로 굴러 들어온다는데
이 나이에 재물은 모아서 무엇 하나

흘러간 청춘이 되돌아온다면 부엉이가 아니라
독수리 할아버지라도 만들겠다만
가자 가자 어서 가자 냇가로 가자

여기가 어디냐 수치를 모르는 에덴의 개울이다
선악과도 안 보이는 타락하기 이전의 죄 없는 낙원
거추장스런 문명의 찌꺼기 가식의 옷 따위는
훌훌 벗어버리고 알몸으로 헤엄치는 한 마리 물고기로 누워
파랗게 깊어가는 가을 하늘 물끄러미 올려다보니
솜털 구름 몇 송이가 물속으로 풍덩 뛰어 들어와
내 등짝을 간질이지만

무릉도원 즐거움도 먹어야 흥이 나고
극락도 식후경이라 지례 흑돼지 바비큐 해 먹으니
돼지고기 타는 냄새에
직지사 비로자나부처님도 입맛을 다시더라

소통의 행복

하수구가 막혀서 설거지통이 막혀서
갑갑해 본 경험이 있으신가요
핏줄이 막히면 심근경색이 되고
똥줄이 막힌 것이 변비라지요

입구로 들어간 것이 있으면 출구로 나오는 것이
있어야 하는데
들어간 것이 나오지 못한다면 그 속이
얼마나 갑갑할까요

강물이 막히지 않고 흘러야 하듯
차들이 막히지 않고 도로를 달려야 하듯
생명의 젖줄은 언제나
통하고 흐르고 달려야 합니다

하느님과 나 사이의 통로가 뚫려 있어야
죽음이 두렵지 않고
이웃과 친구 나 사이의 통로가 막히지 않아야
사는 것이 즐겁고 수월해 집니다

남편과 아내, 아내와 남편간의 통로에
막힌 곳이 있다면 똥줄이 막힌 것처럼 갑갑하지요
매듭은 풀고 막힌 곳은 뚫어야 합니다
산다는 건
밥줄 똥줄 핏줄의 막힌 곳을 뚫는 것이지요

행복이 뭐 별것 인가요
막힌 곳 뚫어
밥 잘 먹고 똥 잘 누며 핏줄 잘 돌리는 것
아닌가요?

야속한 세월

아직도 하고픈 일 해야 할 일 적지 않은데
내 몸의 등뼈가 모든 것 포기하라 하네
무거운 짐 내려놓고 가볍게 살라하네

아직도 만나고 싶은 사람
만나야할 사람 많은데도
내 인생 나이테가 만남의 기쁨보다
이별의 슬픈 무늬를 지워야 한다 하네

아직도 가고픈 곳 가야만 할 곳 남았는데도
한 세상 팔 다리를 혹사시킨 떠돌이 역마살이
이제는 유배지의 담장 밖을
넘보지 말라하네

아직도 보고 싶고 듣고 싶고
하고 싶은 이야기가 끝나지 않았는데도
세월은 자꾸만 눈과 귀 입까지
틀어막고 살라하네

정을 주고받으며 울고 웃으며
살아가고 싶은데 돌처럼 나무처럼
무심히 살라하네

5부

조롱박 넝쿨의 추억

도시의 들녘을 지나 산 아래 지어놓은
외딴집 청색 슬래브 지붕 위로 기어오르는
호박넝쿨에 매달린 달덩이 같은 호박이
군데군데 똬리를 틀고 고향 추억 불러들여
내 마음을 흔든다

머리에 수건 질끈 동여맨 외딴집 아주머니
바구니 옆에 끼고
고구마 잎사귀 깻잎 뜯어 넣으며
간간히 허리 펴고 일어서서
고속으로 달리는 차량 한 번 바라보다가
이윽고 먼 산 우러르며 눈시울 적시는데
텃밭 풍경 그림처럼 평화롭고
가을빛 스며드는 여인의 두 뺨이 너무나 곱다

해마다 이맘때면
어머니, 사다리 걸어놓고 초가지붕 올라가
조롱박 넝쿨 손질한 후
텃밭에서 깻잎 한 소쿠리 따놓고
돌담 위로 올라가 신작로 내려다보며
시집간 누님 기다리다가 먼 산 올려다보며
먼저 가신 아버지 생각에 눈시울 붉히셨지

이제는
초가집도 그 고색창연한 돌담도 조롱박 넝쿨도
안 보이는 고향
아버님 어머님 누님 정답게 나란히 누워계시는
산소 찾아가
호박전 안주 삼아 드시라고 한 잔 술을 권하며
주절주절 옛 이야기로 새벽닭이나 울려볼까?

새대가리 치켜들고

인생이란 무대는
제 멋대로 날뛰는 아수라일까
각본대로 돌아가는 연극 같은 것일까
결과를 예측하기 어려운 축구경기 같은 것일까

태풍은 지나가고 산 숲은 고요하나
아물지 못하는 상흔은 낙인처럼 선명하다

신은 인간의 교만을 길들여
좀 더 낮아지게 하려고
애꿎은 산의 창자를 비틀어
토사곽란을 일으키게 했을까

인간의 식탁 위에
싱싱한 파도의 향기를 풍기려고
썩어가는 바다를 뒤집어 버렸을까

사람들은 해마다 찾아드는 불청객의 분탕질이
득인지 손해인지 생각조차 없이
새대가리 치켜들고
무명의 거리를 분주히 질주하지만

가을의 풍경화

강물이 파아란 수면 위에
가을의 풍경화를 그리기에 분주합니다
물고기들이 지느러미로 물감을 찍어나르고
신들린 바람이 색칠을 하면
잔잔한 햇살이 은빛 낙관을 찍습니다

머지않아 무서리가 내릴거라고
고구마 잎사귀들이 허공의 백지 위에
유언을 적고
여름의 막차가 이별의 노래를 틀어놓고
갈 길을 재촉하는데

즐거웠던 산 숲
미련 버리지 못한 매미 몇 마리
오동나무 잎사귀에 숨어 먹다 남은 밥숟갈
입에 문 채 가을의 풍경화에
슬그머니 모습을 드러내곤 합니다

태풍이 할퀴고 간 지리봉 산자락
뿌리 뽑힌 고목이 와불로 누워
가슴 위로 떨어지는 풋밤의 공양에
배가 부른지
느긋하게 웃으며 즐거워합니다

계절이 가고 오는 길목에 서서
흘러간 세월 뒤돌아보면 못다 푼 정한 너무나 많고
차마 버리지 못할 미련 또한 없으랴만
떠내려 간 강물을 어찌 할건가

잘 가라, 지난날이여!
마음의 새 옷 입고 가을의 풍경화에
일획을 그으리라

빈 마음 허공처럼

허공이 바람과 합세하여 밀어내고 걷어내도
사자로 코끼리로 몸 바꿔가며
솜털구름 뭉게구름 먹구름으로 옷 갈아입고
푸른 하늘 그늘로 떠도는 구름

걸레로 닦는다고
먼지 끼지 않는 유리창 있겠는가
온천탕 목욕 한 번 한다고
때 묻지 않는 살결이 있겠는가
아침밥 먹었어도 때 되면 배고프다

이제는 하던 일도 놓아야 하고
든 정도 끊어야 할 때이지만
울컥울컥 끓어오르는 탐진의 충동을
어쩔 것인가
허공의 구름 같은 번뇌의 티끌을 괴로워말자

산 자의 눈에는 눈물이 나고
흐르는 강물에도 이끼가 낀다
마음의 창문에 쌓이는 먼지들
씻어내고 닦아내며
빈 마음 허공처럼 사는 거란다

태풍이 있었기에

태풍이 비질한 산하가 순정의 사랑처럼 청초하다
태풍의 발톱이 그토록 사납지 않았다면
썩어가던 강물이 저토록 푸르지는 못하리라
들풀 위에 맺히는 아침 이슬이
저토록 영롱하게 빛나지는 못하리라

태풍의 마음이 그토록 모질지 못했더라면
동산의 나무들이
전우의 시체를 장사지낸 폐허의 터전에서
소망의 가슴으로
재건의 노래를 부를 수는 없으리라

햇살이 하늘의 이름으로
지상의 만물에게
새 옷을 갈아입히지는 못했으리라

태풍아 불어다오 내 가슴 속으로도
너의 분탕질 아무리 고약하더라도
내 추루한 마음 속 탐진의 오탁을 몰아내기 위한
너의 선한 목적을 믿어주마

희생 없는 혁명이 어디 있으며
거듭나지 않은 구원이 어디 있겠느냐
오늘 점심 식사는 사라져간 도반들 위해
천도재를 올린 후
태풍으로 싱싱해진 광어회를 즐기리라

대추나무의 눈물

산비탈 대추나무 한 그루
가지마다 매달린 자식새끼들 연지 찍고 분 발라
시집이라도 보내주고 싶었는데
혼인 적령기도 되기 전에 임자 없는 물건이라고
약취 유인해 버린 비정한 손길 앞에
망연자실
가랑비 눈물 속에 시름이 깊다

내가 선거에 나간다면 가로수는 죄다
사과나무 배나무 감나무로 바꿔 심고
산에는
진달래 소나무 사이사이 대추나무 길러서
목마른 길손들의 간식으로 드리겠다던 공약은
아무래도 연기해야 되겠다

인간의 눈이 세상 모든 어린이가
친손자 친손녀로 보일 때까지
사람의 인내심으로
에덴동산 선악과를 다시 열리게 할 때까지

사람이나 짐승이나 다 같은 손님

석불의 코를 갈아 마시고
옥동자를 낳았다는데
목불의 젖을 삶아 먹으면 천년쯤은 살려나
운명을 알 수 없는 인간들이
산신에게 물어보고 별을 보고 점을 친다지만
우물 안 개구리가 하늘을 보겠느냐

산날망 개미들은
무엇 하느라 저토록 분주할까
먹을거리 입에 물고 내비게이션도 없는 사막길
줄지어 걸어가는 순례의 행군

이따금 개미들도 모래의 코를 베어 먹고
자식을 낳고
천년을 살고 싶어 목불의 젖을 입에 물고
점을 치리라

운명의 점집에선
사람이나 개미나 다 같은 손님

계산착오

그 친구는
손익계산을 따져 결혼과 이혼을 세 번이나 했으며
전광석화처럼 빠르게 돌아가는 그의 계산법에 따라
하루에도 수십 명의 적과 동지를 교체했다
그는 많은 재산을 긁어모았고
명성을 얻었으며
미모의 여인들이 언제나 그의 주변을 지켰다

그러나
계산의 천재인 그가 잘못 계산한 것이 있었다
네 번째의 부인이 이혼소송을 걸어오고
그의 주변을 맴도는 그 많은 여인들이
한결같이 그를 사랑한 것이 아니라
그의 돈을 사랑한다는 것을 계산하지 못했다

그의 명성 역시
헐벗은 겨울 들녘에 쓸쓸히 서서
한풍에 나부끼는
허수아비 옷자락 같은 것임을 계산하지 못했으며

더욱 치명적인 계산착오는
그의 수명을 계산하지 못한 탓인지
그는 죽는 날 그날까지 계산만 하다가
죽고 말았다는 것이다

팔각정 인연

팔각정 마루에 드러누워 하늘을 본다
하늘 유리벽 너무 미끄러워
구름도 몸조심 하느라
떼 지어 먼 곳으로 피신을 했나보다

바둑 친구는 파아란 가을 하늘 푸른 잔디 위로
백구가 그리는 포물선이 좋아 공치러 가고
잔디밭 잠자리 한 마리 날아와
바둑판 올라앉아
제 놈이 나보다 고수라며 날더러 흑을 잡으라한다

벌써 짐 꾸려 먼 나라 새집으로
이사 간줄 알았던 매미가 불현듯 나타나
팔각정 기둥 잡고 마지막 작별의 인사를 올리는데
새 세상 새 집이 그리도 좋게 생각되는지
맴 맴 맴 맴 매애앰! 이별의 송사가
지나치게 우렁차다

계가도 덜 마친 잠자리와 송사 중의 매미가
눈인사를 나누더니
나 있는 곳 향하여 함께 고개 돌려
제발 얼굴이라도 한 번 자세히 보아 달란다

삼천 생 돌고 돌아 어느 나라 팔각정에서
다시 만나는 날
모르는 듯 고개 돌리지 말고
옛 모습 더듬어 서로 서로 인사라도 하자면서

면바지의 리 모델링

7년 전 중국 장가계 구경 갈 때 사 입은 면바지
해마다 여름이면 산으로 들로 저잣거리나 여행지까지
야윈 몸의 부끄러움 감싸주며 나와 동고동락하더니
급기야 구멍 난 허리가 너덜너덜 찢어지고 말았다

분신처럼 정든 것을 한 마디 조사도 없이
쓰레기통에 장사 지내버린 것이 마음 아팠는데
아내가 다시 끄집어 내놓고 어머니와 누님이 쓰시다가
아내에게 물려준 재봉틀 들고 나와

죽은 면바지를 살리겠다고 인공호흡을 시키는지
그 옛날 자주 들어 귀에 익은
드르릉 드르릉 소리 몇 번에 되살아 난
면바지의 부활이 신기하다

내가 퇴계선생쯤 되었더라면
유행의 첨단을 좇아다니는 신세대뿐만 아니라
죽은 앙드레 김 선생께서도 아내가 지닌
면바지 리 모델링 솜씨의 비밀이 궁금하여
내 집 앞은 문전성시가 되었으련만…

리 모델링으로 부활한 면바지 입고 다니니 그 기분 너무나 좋고
이날까지 밥 먹고 옷 입고 사는 것이 모두
아내의 근검절약과 기지, 슬기의 덕임을 깨닫고
아내에게 모처럼 고맙다 인사하니
아내 왈
당신 수의만은 최고급 비싼 것으로 해 드릴께요 한다

수의? 의아해하는 나에게 아내는
수의를 해 두어야 오래 산대요 한다
그만, 그만, 입고 가나 벗고 가나 가기는 마찬가지
정 발가벗겨 보내기 뭣하면
어머니 누님이 쓰시다 당신에게 물려준 그 재봉틀로
당신 손수 하얀 삼베 실 한 땀 한 땀 씨줄 날줄
촘촘히 엮어 만든 무명 손수건 하나
홀랑 벗은 맨살 거시기 위에
생글생글 웃으며 살포시 얹어나 주소

부모의 마음

엉덩이가 툭 튀어나온 여인이 빨갛게 익은 사과
한 입 베어 물고 어그적 어그적 길을 걷는다

다산 여인의 사타구니 벌어지듯
열매 많은 나무는 죄다 가지가 벌어져 있다
사과나무 배나무 포도나무 감나무 밤나무
많고 고운 열매 탐스러워 시기 질투 끊일 날 없이
동에서 당기고 서에서 끌어내리니
가지가 벌어질 수밖에

열매 없는 대나무야
빈 마음 허공에 담아 일편단심 충절가나 부르면서
제 홀로 뻗어 오르기만 하는데
누가 뭘 땜에 시기 질투를 하랴만
빼앗길 것이 너무 많은 열매 달린 나무의 마음이야
자식 둔 부모 마음 아니겠나

대나무야 비웃지 마라
자식 위해서라면
남에서 당길 때 남으로 구부리고
북에서 끌 때는 북으로 굽어지리라

사타구니 벌린 채
어그적 어그적 걸어가는 여인의 표정이 밝다
빨갛게 익은 자식새끼들 주렁주렁 매달고 서있는
가지 갈라진 나무들처럼

어느 초가을 아침

아침 날씨가 쌀쌀 합니다
귓전을 스치는 바람결이 한기를 품었습니다
성급한 하늘이 가을의 문턱에서
월동을 준비하라고 경고음을 발하나 봅니다
반팔만 걸친 팔뚝의 맨살 위로 솟아오른
솜털이 바짝 긴장하며 일전불사의 각오로
일어섭니다

오기가 발동한 나도 배수의 진을 치고
옷을 홀라당 다 벗어버릴까 생각을 해 봅니다
겨울에도 옷을 입지 않으면 사람의 온몸에도
검정 털 솟아올라
사람이 멧돼지가 되려나

나뭇잎이 단풍으로 물들려면
아직 멀었는데
강물은 벌써부터 낙엽이 떠내려갈
뱃길을 만듭니다
다만, 아직도 철들지 못한 호박넝쿨만이
화촉신방 차려놓고 벌 나비 불러들여
만리성을 쌓습니다
무서리에 낳은 자식 어찌하려고

쌀쌀한 바람결
초가을 아침이 분주합니다

처신이 쉽지 않겠군요

나서야 할 때와 들어가야 할 때를 아는 것은 중요합니다
여름 내내 뙤약볕에 할퀴고 천둥 번개에 시달리면서도
탱탱하게 몸집 불리면서 기를 세우던 벼 이삭도
이제는 황금빛 왕관을 쓴 채 다소곳이 고개 숙입니다
매미의 이별가를 들으며 할머니가 파종해 놓은
들녘 가을배추는 가을바람 선선해도 아직은 싱싱하게
날 세운 몸뚱이를 살찌워야 하겠지만
뱀들은 도리 없이 가을의 마지막 성찬을 포식한 후
동안거의 깊은 잠속으로 빠져들어 가야 합니다
어중이떠중이 함부로 나섰다간
운동장 모래밭에서 밟혀죽은 지렁이 신세가 되고 말 것입니다

말할 때와 침묵할 때를 안다는 것은 매우 중요합니다
지하철 전동차 노약자석 새파랗게 젊은 여인
팔십 노인 앞에 세워두고 깍깍 껌 씹으며
스마트 폰이나 만지작거리고 앉아 있어도
줄잡고 서 있는 영감님!
일어서라 말 한 마디 못 하는 건 너그러움이 아닙니다
권리의 포기라기보다 이 사회의 건강한 도덕 윤리 질서
확립을 위해 젊은이를 가르쳐야 할 어른으로서의
의무해태입니다
말해야 할 때 침묵하는 것은 침묵해야 할 때 말 하는 것 보다
더 비겁한 자기기만이지요

뭐라고요, 그게 쉽지 않다고요?
스마트 폰 여인 팔 걷어 부치고 대들면
힘없는 노인이 속수무책이라고요?
아하!
슬프지만 공감이 가네요
그렇다고 돈 없는 노인이 지하철을 안 탈 수도 없고
츳츳 늙으면 죽어야지

세월

가을 햇살이
느티나무 잎사귀에 빨간색을 칠하는데
세월이 내 머리칼엔
하얀색을 물들이네

가을바람이
억새풀의 허리를 휘감아 불고 가는데
세월의 바람은
내 어깨를 눌러놓고 지나가네

가을의 강물은
노래하며 흐르는데
세월의 강물은 울면서 흘러가네

알밤의 해탈

밤송이가 입을 쫙 벌리고 알밤을 토해낸다
성질 급한 밤송이는 알밤을 품은 채
제 몸을 통째로 허공에 날려 낙하에 성공한다
바람이 살짝 가시 돋친 털끝 어루만져
낙하의 두려움을 달래주기도 하지만
바람이 불지 않는다고 떨어져야할 운명을
피해 갈 순 없으리라

알밤을 떨어뜨리는 것은 밤나무가 아니라
운명이다
알밤은 떨어질 때나 떨어질 곳을
스스로 정할 수 없고 알 수도 없다
알밤은 그가 사람의 입으로 들어갈지
다람쥐나 청설모의 입속으로 들어갈지
비바람 햇살에 썩어 한 그루 밤나무로 부활할지
혹시 사람이나 청설모로 다시 태어날지를 놓고
근심하지 않는다

그건 자포자기가 아니다
천지자연의 이법에 순명하는 성자의 해탈이며
온몸을 던져 무주상으로 보시하는
보살의 하화중생이다

나무의 설법

낙엽은 썩어서 씨앗의 밥이 되고
썩은 껍질 뚫고 나온 씨앗은 그 밥 먹고 자라
큰 나무가 됩니다
낙엽은 씨앗과 한 몸으로 자랐으니
큰 나무와 낙엽은 한 몸입니다
낙엽은 죽었어도 죽지 않았으니 불생불멸입니다

씨앗이 그를 위해 썩어간 낙엽의 희생이
슬프고 죄스럽다고
노상 웅크리고 있어서야 되겠습니까
그건 낙엽이 바라는 바가 아닙니다
쾌활 씩씩하고 건강하게 커 나가는 것이
낙엽의 희생에 보은하는 것이 아닐까요

돌아가신 부모님 희생이 괴롭고 슬프다고
노상 위축될 수 없는 이유를
늠름하게 자라난
동산의 수형목이 가르치고 있습니다
부모님은 내 안에서 나는 부모님 품안에서
불생불멸이라고

낙엽

한 가지 일을 더 벌이니
근심도 한 가지 더 늘어나네요
소유가 한 개 더 생기니
걱정도 한 개 더 불어나네요

무서리에 나무가 한 잎 두 잎
낙엽을 떨어내는 것은
근심 걱정을 다 버려야
겨울강의 노래를 들을 수 있기 때문이지요

버릴 때를 알아 버릴 줄 아는 나무라야
봄날의 새싹을 움트게 할 수 있습니다
걸림돌이 디딤돌이 되려면
돌팍에 기생하는 미끄러운 이끼를
걷어내야 합니다

지금은 가을
나무가 낙엽을 버리듯
인생의 가을에도 낙엽이 집니다

유배객의 시장

번화한 도시의 거리
빈틈없이 고개 내민 간판들
수요를 유혹하는 공급의 몸짓들
매매라는 형식의 짝짓기로
가격의 식탁에서 밥을 먹는다

나는 저토록 분주한 시장에서 쫓겨난
외딴섬의 유배객
수요도 공급도 없이
물 바람 공기 탁발
가격 없는 가치로만 살아가는
무소유의 방랑자임을 자랑할 수는 없다

단풍든 나뭇잎도 떨어질 때까지는
바람과 햇살의 수요를 창출하고
피곤한 길손에겐 그늘을
우울한 나그네에겐 위로를 공급하는데
살아 있는 목숨이 어찌 시장의 생리를
외면만 할 것인가

방랑과 유배의 길목에서 바라보는
시장 풍경 시끄럽고 아니꼬워도
퇴색으로 치닫는 생명의 기를 모아
후미진 골목 한 귀퉁이 좌판 하나 깔아놓고
강냉이 몇 개라도 진열해 볼까?

태양의 마음

아침 해 눈부시게 웃고 있습니다
지상의 눈물을 애써 외면한 채
새날의 시작을 언제나 웃음으로 알리는
태양의 마음이 자비인지 비정함인지
한결 같은 그 심중을 짐작할 수 없네요

뿌리의 마음을 헤아릴 줄 모르는 나무들은
무구한 창공의 구름 같은
소망 하나 머리에 이고
입 벌리고 팔 뻗어 비상의 나래 펼쳐 보지만
무심한 태양은 말 한마디 안 하네요

유정한 인간들이
하늘같은 태양의 뜻을 알고 싶어
목욕재계하여 괘를 뽑고
염불을 하고 기도를 하며
목석 앞에 무릎 꿇어 재를 올려도
목석같은 태양은 언제나 같은 모습
빙그레 웃고만 있네요

알밤 잔치

동산 밤나무들이 아낙네들 불러들여
잔치를 열었네요
짊어진 짐 모두 버리지 않으면
어미 밤나무가 겨울강을 건널 수 없었나 봅니다
새끼 밤나무 수십 그루를
오독 오독 씹어 삼킨 여인들이 남은 새끼 밤나무들을
비닐봉지에 담아 집으로 가져가네요

추석 제사상 위에 올려놓고
어미 밤나무의 무병장수를 빌어주고
어미보다 먼저 가는
새끼 밤나무의 극락왕생을 빌어주려나 봅니다

이미 하이에나의 식성을 잃어버린 나도
추어탕 집에서 미꾸라지 수 십 마리를 먹어치운 후
밤나무 아래에서 여인들과 줍기 경쟁을 벌이는데
먹을거리를 도둑맞은 청설모와 다람쥐가
나뭇가지 위에서 눈을 흘깁니다

가을이 와서
말갛게 때 벗은 하늘이 구름을 밀어내고
파랗게 물든 강물이 낙엽을 띄우고 갈
뱃길을 열어가고
나무들이 잎사귀를 떨어내며 월동을 준비하는데
비만의 인간들이 밤나무 아래에서
먹을거리 찾아서 잔치를 하네요

눈물의 약

할 일 잃은 영감님들 공원에 모여들어
마누라에게
구박 받는 이야기 듣고 있노라면
어린 시절 할머니들 모여 앉아 읊어대던
남편에게 구박받는 이야기가 생각난다

그 시절 할머니들 넋두리는
사설 속에 녹아나는 눈물이 서러움 풀어주는
약이 되었는데

오늘날 영감님들 푸념 속엔
빼앗긴 경제력 추락한 자존심이 뿜어내는
분노가 독기처럼 분출한다
눈물 없는 증오는 냄새마저 독하다

세상이 변했는데 인심인들 안 변하랴
돈줄이 바뀌었는데 도덕인들 안 바뀌랴
이제는 구박 받는 영감님들도
눈물의 약을 발라야할 때

우리가 남이가

양철 지붕 타고 오르는 호박꽃도
숨 가쁘게 태중 아기 살찌우는 고구마 잎사귀에
내려앉은 신 새벽 이슬방울도
부지런히 알밤을 물어 나르는 청설모들도
알고 보면
뿌리를 같이하는 한 몸의 지체들

잠자리가 아침 이슬을 먹고
거미가 잠자리를 먹어도
바다가 강물을 삼켜 빗물을 만들며
태풍이 썩어가는 바다를 살려내는 것도
인연 따라 생멸하는 존재의 실상일 뿐

은행잎이 노오랗게 물들어가니
내 마음의 호수에도 낙엽이 진다
가지 꺾인 소나무가 아프다 소리 지르니
내 팔목도 아프다며 약을 찾는다

내 말 한 마디에 마음 상한 친구여,
용서해라
네 마음이 괴로운데
내 맘인들 편 하겠냐

신보성 제4시집
기적

인쇄 2012년 12월 15일
발행 2012년 12월 15일

지은이 신보성

펴낸곳 여행마인드(주)
발행 · 편집인 신수근
편집디자인 손지연

등록번호 제300-1997-103호
주소 서울 관악구 청룡동 1592-9 동산빌딩 403호
전화 02-877-5688
팩스 02-6008-3744
이메일 samuelkshin@hanmail.net

ISBN 978-89-88125-22-9
정가 10,000원